Helga Sinnhuber

Spielmaterial zur Entwicklungsförderung

Helga Sinnhuber

Spielmaterial zur Entwicklungsförderung

– von der Geburt bis zur Schulreife –

 verlag modernes lernen - Dortmund

Foto-Nachweis

Borgmann, Dieter, Abb.: 3, 9, 11, 12, 13, 14, 18, 19, 20, 24, 27, 28, 29, 30, 31, 32, 35, 42, 43, 48, 49, 54, 55, 57, 58, 60, 61, 62, 63, 67, 68, 69, 70, 71

Güttinger, Heidi, Abb.: 56

Hackert, Bettina, Abb.: 2, 26, 47, 50, 51, 52

Hoffmann, Erika, Abb.: 44

Leger, Alfred, Abb.: 7, 21, 22, 23

Sinnhuber, Helga, Abb.: 1, 4, 5, 6, 8, 10, 15, 16, 17, 25, 33, 34, 36, 37, 38, 39, 40, 41, 45, 46, 53, 59, 64, 66

ELTERN. (Freddie Vogt) Umschlagfoto, 65

© verlag modernes lernen, Borgmann KG, D - 44139 Dortmund

4., durchges. Aufl. 1991
Herstellung: Löer Druck GmbH, 44139 Dortmund

 Bestell-Nr. 1112   ISBN 3-8080-0254-9

Inhaltsverzeichnis

	Vorwort	7
	Einführung	10
1.	**Förderung in der optischen Wahrnehmung**	13
1.1.	Sehen	14
1.2.	Gegenstandserkennung	15
1.3.	Bilderkennung	17
1.4.	Körperkenntnis	18
1.5.	Größenzuordnung	21
1.6.	Formenzuordnung	23
1.7.	Farbenzuordnung	26
1.8.	Bildzuordnung	28
1.9.	Mengenzuordnung	31
1.10.	Kategoriezuordnung	33
1.11.	Einzelheiterfassung	35
1.12.	Logisches Denken	38
1.13.	Optische Schulreife	38
2.	**Förderung in der Sprachfähigkeit und im Wortverständnis**	41
2.1.	Hörfähigkeit	42
2.2.	Lautäußerung – Lautnachahmung	44
2.3.	Wortverständnis	46
2.4.	Wortnachahmung	47
2.5.	Tätigkeitsbegriffe – Eigenschaftsbegriffe	48
2.6.	Zahlenbegriffe	50
2.7.	Sprachlicher Ausdruck – Satzbildung	52
2.8.	Farbenbegriffe	57
2.9.	Zuhören	58
2.10.	Zeitbegriffe	59
2.11.	Oberbegriffe – Merkmalbeschreibung	61
2.12.	Gegensatzerfassung	62
2.13.	Scherzaufgaben – Rätsel	64
2.14.	Formenbegriffe	66
2.15.	Akustische und sprachliche Schulreife	67
3.	**Förderung in der Handmotorik**	69
3.1.	Greifen und Loslassen	70
3.2.	Pinzettengriff	72
3.3.	Fingerausdifferenzierung	74
3.4.	Materialbeherrschung beim Bauen	75
3.5.	Schreibvorübungen	78
3.6.	Werkzeuggebrauch	82
3.7.	Handgelenkbeweglichkeit	84
3.8.	Mechanisches Funktionsspiel	86
3.9.	Ballwerfen und Fangen	88
3.10.	Knöpfen – Knoten – Schnüren	90

4.   **Förderung in der Körpermotorik**   93
4.1.   Kopfdrehen und Kopfheben   94
4.2.   Lage- und Bewegungsgefühl   95
4.3.   Arm- und Beinbewegungen   96
4.4.   Körperdrehung   97
4.5.   Sitzen und Fahren   98
4.6.   Kriechen und Krabbeln   101
4.7.   Stehen und Gehen   102
4.8.   Treppensteigen – Klettern   104
4.9.   Hüpfen und Springen   106
4.10.   Gleichgewichtskontrolle   108

5.   **Förderung im Sozialbereich**   111
5.1.   Gefühlsentwicklung   112
5.2.   Gestaltungsfähigkeit   114
5.3.   Rollenspielfähigkeit   116
5.4.   Regelspielfähigkeit   118
5.5.   Soziale Schulreife   121

Literatur   123
Herstellerverzeichnis   125

Vorwort

von Prof. Dr. Ernst J. Kiphard

Das Kind wird in eine ihm zunächst fremde, unverständliche und rätselhafte Umwelt geboren. Erst nach und nach lernt es diese Welt mit Hilfe seiner Sinne kennen und verstehen. Schon ein Baby beginnt die verschiedenen Erscheinungen um sich herum zu unterscheiden. Es erkennt gleichartige Tasteindrücke und Temperaturempfindungen wieder. Es sortiert optische und akustische Sinnesreize, d. h. Gesehenes und Gehörtes aus. Schließlich begreift der Säugling den Sinn bestimmter, immer wiederkehrender Umweltsignale. Er blickt beim akustischen Wahrnehmen von Schritten oder Stimmen erwartungsvoll in die Richtung, aus der seine Mutter immer an sein Bettchen herantritt. Und wenn sich ihr Gesicht über ihn beugt, lächelt er freudig erregt zurück. Zeigt sie ihm sein Fläschchen, so zappelt der ältere Säugling in froher Erwartung der nachfolgenden Nahrungsaufnahme.

Damit hat das Kind bereits ein Intelligenzniveau ereicht, auf dem es einzelne Zusammenhänge begreift. Mit anderen Worten: Die Außenwelt sendet „Signale" in Form von Düften, Berührungsreizen, Licht- und Schallwellen, die das Kind über seine Sinnesorgane aufnimmt. Aber erst die kindliche Gehirntätigkeit leistet die eigentliche Intelligenzarbeit, nämlich diese Signale richtig zu deuten, zu verstehen und zu verarbeiten. Zu diesem Zweck werden die nunmehr „entschlüsselten" Umweltmeldungen in bestimmten Hirnabschnitten gespeichert. D. h., sie werden fein säuberlich voneinander getrennt – die Gehörseindrücke für sich und die Gesichtseindrücke für sich – als persönlicher Gedächtnisbesitz registriert. Das hat den Vorteil, daß neu eingehende Meldungen jedes Mal mit den schon in der Erinnerung vorhandenen verglichen werden können. So lernt das Kind Gleiches als gleich, Ähnliches als ähnlich und Verschiedenes als verschieden anzusehen bzw. „anzuhören". Es kann sich in der Welt zurechtfinden.

Um diese Welt bewußt wahrnehmen und sich darin orientieren zu können, muß es seine Aufmerksamkeit auf das jeweilige Wahrnehmungsobjekt allein richten. Dadurch wird der gesehene Gegenstand oder das gehörte Geräusch in seiner „Figur" vom verwirrenden Hintergrund abgehoben, herausgelöst. Je klarer das geschieht, desto exakter wird der Erkenntnisvorgang sein.

Handeln setzt Begreifen voraus

Erst wenn es die in seiner Umgebung vorhandenen Dinge, Elemente, Erscheinungen und Lebewesen in seine Vorstellung einzubauen vermag – und sei dies noch so unvollkommen – kann es für ein Kind sinnvoll sein, tätig zu werden.

In den ersten Wochen und Monaten seines Lebens ist das Baby dazu noch nicht in der Lage. Es reagiert reflexhaft und ohne Verständnis auf bestimmte Empfindungen. Es schließt bei grellem Licht die Augen; es zuckt bei lautem Geräusch zusammen; es beginnt auf Berührungs- und Geschmacksreize zu saugen, zu schlucken oder auszuspucken. Diese primitiven Automatismen sind mit einfachen Lust-Unlustgefühlen gekoppelt. Die Außenwelt wird dabei nur schemenhaft wahrgenommen.

Handlungsabsichten dagegen setzen ein differenziertes Umweltverständnis voraus. Das Kind muß schon über einen gewissen Erfahrungsschatz an Einsichten in Zusammenhänge, wie bereits erwähnt, verfügen. Dann nämlich wird es in der Lage sein, schon im voraus zu wissen, was z. B. passieren wird, wenn es den Klingelknopf oder den Lichtschalter betätigt.

Wenn Ein- oder Zweijährige diese oder ähnliche Handlungen wieder und wieder vollführen, so testen sie damit die Wirklichkeit der Dingwelt. Sie wollen sich vergewissern, ob auch tatsächlich jedes Mal das Licht auf Knopfdruck angeht, so wie sie es vorhergesehen, vorausgedacht haben. Diese kleinen Forscher stellen sich die beabsichtigte Wirkung zunächst im Geist vor und werden nicht müde, die Wirkung ihrer Handlung immer wieder zu kontrollieren. Daß die Wirkung mitunter anders ausfallen kann als geplant, daß der Ball in eine Fensterscheibe statt gegen die Garagenwand fliegt, müssen selbst ältere erfahren . . .

Mit der Welt umgehen lernen

So lernen Kinder im Laufe ihrer Entwicklung, mit immer komplexeren und schwierigeren Situationen fertig zu werden. Indem sie sich den wechselnden Bedingungen des Lebens mit allen ihnen zur Verfügung stehenden Mitteln anpassen, schulen sie probierend und kontrollierend ihre Intelligenz. Dabei werden immer neue Eigenschaften und Fähigkeiten erworben. Diese vielfältigen Lernprozesse ermöglichen eine immer weitgehendere Aneignung neuer Verhaltensweisen, die den Umgang mit der Welt erleichtern.

Nun besteht die kindliche Welt nicht nur aus Gegenständen, aus toter Materie. Es sind vor allem die erwachsenen Mitmenschen, die dem Kind die Umwelt nahebringen. Und es ist die menschliche Sprache, die dabei eine außergewöhnliche Rolle spielt. Mit Hilfe von Worten lassen sich alle Dinge und Erscheinungen der Umwelt, alle Eigenschaften und Tätigkeiten besser ordnen und begreifen.

So vollzieht sich die kindliche Entwicklung in einem ständigen, sich gegenseitig beeinflussenden Prozeß von Wahrnehmen, Denken, Handeln und Sprechen. Eltern und Früherziehern fällt dabei die beglückende Aufgabe des behutsamen Führens, Lenkens und Anleitens zu.

Gesunde Säuglinge und Kleinkinder brauchen keine „Schulung" und kein mühevolles „Trimm-Programm". Sie lernen ganz nebenbei, einfach, weil es ihnen Spaß macht. Sie lernen auch nicht für den Erwachsenen, sondern aus eigenem Interesse. Deshalb braucht man sich auch keine Gedanken darüber zu machen, wie man kleine Kinder für etwas Neues begeistert.

Der erwachsene Wissensvermittler arrangiert nur die dem Alter des Kindes entsprechenden Lernsituationen. Er regt an, weist den Weg. Niemals darf er aber zuviel helfen oder gar das Kind gängeln. Durch ein solchermaßen direktives, forderndes und einengendes Vorgehen würde man leicht die natürliche kindliche Entdeckerfreude zunichte machen. Wenn ein Kind die Lösung heute nicht allein findet, so entdeckt es sie vielleicht morgen oder nächste Woche oder einen Monat später. Vielleicht war das Lernangebot verfrüht, oder die Lernzeit war schon zu lang, und das Kind hätte gerade jetzt Ruhe gebraucht.

Man hüte sich vor dauernder Einmischung in das freie Spiel der Kleinen. Es muß auch Verarbeitungszeiten geben, in denen das Kind keine neuen Lernerfahrungen macht, sondern erst einmal andere, bisher unvollständig verarbeitete Eindrücke spielerisch zu festigen sucht. Bald wird es wieder bereit sein, Neues in sich aufzunehmen und sich neue Fertigkeiten anzueignen.

Will der Erwachsene das kindliche Entwicklungsgeschehen anregen und fördern, so müssen entsprechende Situationen geschaffen werden, die geeignet sind, Lernerfahrungen zu vermitteln. Dabei können Spielzeuge gezielt eingesetzt werden. Die diesbezüglichen Warenangebote sind heute für Laien unüberschaubar geworden. Es lag deshalb auf der Hand, eine kleine übersichtliche Spielzeugauswahl unter entwicklungspädagogischen Gesichtspunkten zusammenzustellen. Der vorliegende Katalog wurde von einer erfahrenen Heilpädagogin zusammengestellt und nach den folgenden Funktionsbereichen gegliedert:

1. Optische Wahrnehmung (das Gesehene unterscheiden)
2. Handgeschick (Zusammenspiel von Auge und Hand)
3. Körpergeschick (allgemeine Bewegungskontrolle)
4. Sprache (gute Aussprache und Wortfindung)
5. Akustische Wahrnehmung (Hörfähigkeit und Wortverständnis)
6. Gefühlsentwicklung und Sozialität (mit anderen in Verbindung treten)

In jedem einzelnen Bereich lohnt es sich, gezielte Spielangebote bereitzustellen. Das gilt besonders in den ersten drei Lebensjahren und natürlich um so mehr für entwicklungsrückständige oder behinderte Kinder. Dabei spielt es auch keine Rolle, daß ein vollkommen isoliertes Üben einer einzigen Sinnes- oder Bewegungsfunktion niemals ganz streng durchgeführt werden kann. Jede spielerische Tätigkeit stellt immer ein lebendiges Ganzes dar, bei dem Informationen aus der Umwelt aufgenommen, verarbeitet und über entsprechende Handlungsreaktionen oder über die Sprache wieder an die Umwelt abgegeben werden.

Der vorliegende Katalog soll interessierten Eltern und Erziehern als Leitfaden zur systematischen Entwicklungsförderung im Kindesalter dienen. Sein besonderes Anliegen ist es, eine gezielte Auswahl funktionsgeordneter Spiel- und Lernangebote zu ermöglichen.

Einführung

Sehen wir einem Kind beim Spielen zu, so können wir beobachten, wie es mit ganzer Hingabe und Konzentration sich dem Spielgegenstand widmet. Es möchte entdecken, erforschen, ergründen, – nicht die große, weite Welt –, sondern diesen kleinen Gegenstand, mit dem es sich gerade beschäftigt.

Geistige und soziale Entwicklung vollzieht sich, indem das Kind mit Menschen und Dingen seiner Umgebung lebt. Zu jenen Dingen, an denen es seine Fähigkeiten übt, gehören auch die Spielsachen. Jedes Spielzeug, das wir einem Kind in die Hand geben, stellt ein Lernangebot dar, sofern es dem jeweiligen Entwicklungsstand entspricht.

Es wurde ein Verfahren entwickelt, in dem die Entwicklungsmerkmale zusammengestellt werden, die für alle Kinder in der jeweiligen Altersgruppe Gültigkeit haben.*) Anhand eines sogenannten Entwicklungsgitters können sich Eltern und Erzieher darüber informieren, was ein Kind in welchem Alter können sollte. Es zeigt aber auch, wo Entwicklungsverzögerungen und Behinderungen vorliegen und ermöglicht es somit, daß diese frühzeitig erkannt werden.

Den Eltern und Erziehern fällt nun die Aufgabe zu, ihrem Kind zu gegebener Zeit spielerisch das richtige Angebot zu machen. Die Spielangebote sollen in allen Bereichen der kindlichen Entwicklung erfolgen. Dabei kann es sich in der Praxis ergeben, daß gewisse Schwerpunkte im Angebot gesetzt werden. Der Spielwarenmarkt ist heute schwer überschaubar geworden. Denen, die auf der Suche nach geeignetem Spiel- und Lernmaterial sind, möchte diese Zusammenstellung Wegweiser und Hilfe bei der Auswahl sein.

Bei den Übungsvorschlägen und Spielmaterialien beziehen sich die angegebenen Altersangaben auf das Entwicklungsalter. Bei einem sich normal entwickelnden Kind sind Lebensalter und Entwicklungsalter identisch (gleich). Dagegen wird ein etwa 6jähriges, entwicklungsgestörtes Kind möglicherweise ein Entwicklungsalter von nur 4 Jahren haben. Das bedeutet, daß es gemäß seiner Entwicklungsverzögerung die Lernangebote für Vierjährige benötigt und nur diese verstehen und annehmen kann.

Die individulle Spielbreite in der Entwicklung läßt ein Kind auch die eine oder andere Funktion früher bzw. später erreichen. Es wird dann vielleicht eine im Entwicklungsgitter weit über sein Lebensalter eingestufte Leistung schon können, während es in einem anderen Funktionsbereich noch entwicklungsmäßig zurückliegen kann. Hier spielen Begabung und Anregungen durch die Umwelt eine Rolle. Gerade im vorschulischen Altersbereich kommt es vor, daß ein Kind manches noch nicht kann, weil es keine Übungsgelegenheit hatte. Daher werden in diesem Buch Spiel- und Lernmaterialien über das im Entwicklungsgitter erfaßte Alter hinaus bis hin zur Schulreife empfohlen.

Nimmt ein Kind trotz wiederholter Angebote bestimmte Übungen nicht an, so liegen vielleicht Entwicklungsverzögerungen vor. In diesem Fall sollten Sie eine

---

*) Kiphard: „Wie weit ist ein Kind entwickelt?", verlag modernes lernen, Dortmund

Fachberatung (Arzt, Erziehungsberatungsstelle) in Anspruch nehmen. Dort werden mögliche Ursachen erkannt und entsprechende Therapiemaßnahmen eingeleitet.

Bei der Durchsicht der Spielmaterialien werden Sie vielleicht das eine oder andere Spielzeug vermissen. Es ist einfach nicht möglich, alle im Handel angebotenen Spielzeuge zu katalogisieren.

Es ist jedesmal der Hersteller des Materials genannt. Versuchen Sie, über ein Spielwarengeschäft oder ein entsprechendes Fachgeschäft unter Angabe der herstellenden Firma an die betreffenden Materialien heranzukommen. Auch wird Ihnen der Kindergarten Auskunft geben, wo Sie diese Materialien beziehen können. Sicher wäre es falsch verstanden, durch ein Überangebot von Spielen den Anspruch des Kindes auf Förderung zu erfüllen. Weniges, gezielt ausgesucht, erfüllt schon allein diesen Auftrag.

Das besondere Anliegen dieses Buches ist es, die ersten Jahre im Leben des Kindes zu nützen, um vorhandene Anlagen und Fähigkeiten zu wecken und zu fördern.

Das Spielverhalten des gesunden Kindes gilt dabei auch als Lernziel für das behinderte Kind. Allerdings müssen hier die einzelnen Lernschritte kleiner gehalten werden. Für schwerbehinderte Kinder werden gelegentlich Sonderspielsachen nötig sein, auf die hier nicht eingegangen werden kann.

Zur Arbeit mit diesem Buch:

Jedem Kapitel ist eine grafische Darstellung vorangestellt, die Auskunft geben will, ab wann die einzelnen Fähigkeiten gefördert werden sollten.

Die jedem Kapitel angeschlossene Materialübersicht stellt nur eine Auswahl dar und kann durch zeitbedingte technische Fortentwicklung in ähnlicher oder neuer Form auf dem Markt sein.

1. Förderung in der optischen Wahrnehmung

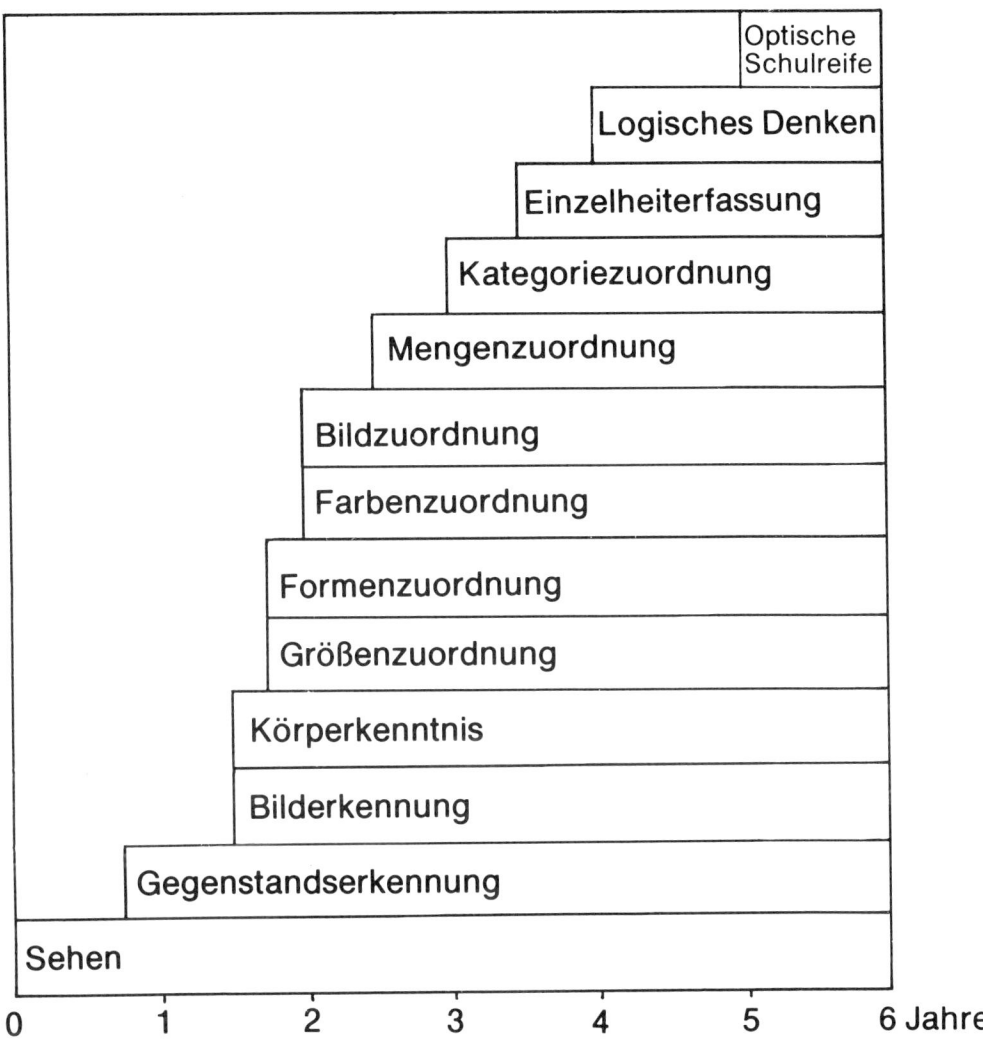

1.1. Sehen

Das Neugeborene unterscheidet hell und dunkel, Umrisse und wahrscheinlich auch ausgeprägte Farbunterschiede. Das Sehen ist unscharf. Es beachtet in den ersten Lebenstagen nur jene Dinge, die sich in 10 – 20 cm Entfernung befinden.

Doch schon nach wenigen Wochen beginnt das Baby seine Augen auf etwas Bestimmtes zu richten. Es betrachtet einen Gegenstand in der Nähe (fixiert) und verfolgt ihn auch über eine kurze Distanz (Abb. 1). Eine Lichtquelle beobachtet es mit staunendem Gesichtsausdruck. Wenn es die Mutter oder eine andere Person sieht, antwortet es mit einem Lächeln.

Mehr und mehr gewinnt auch die Funktion des Greifens an Bedeutung und unterstützt die visuelle Wahrnehmung. Die Händchen holen das Spielzeug heran, damit es besser gesehen und untersucht werden kann.

Mit etwa 6 Monaten ist das Auge soweit geschult, daß auch etwas sehr Kleines, z. B. ein Krümel oder eine Rosine auf dem Tisch, wahrgenommen wird.

Je aufmerksamer ein Kind seine Umwelt betrachtet, um so mehr Möglichkeit hat es, Lernangebote aus seiner Umwelt wahrzunehmen.

Wie kann gefördert werden?

Entwicklungsalter: ab Geburt

Geben Sie den Augen Ihres Kindes immer etwas Buntes, Bewegtes anzuschauen. Ein Baby, das nur weiße Betten, weiße Wände im Zimmer zu sehen bekommt, wird niemals bewegliche und aufmerksame Augen bekommen.

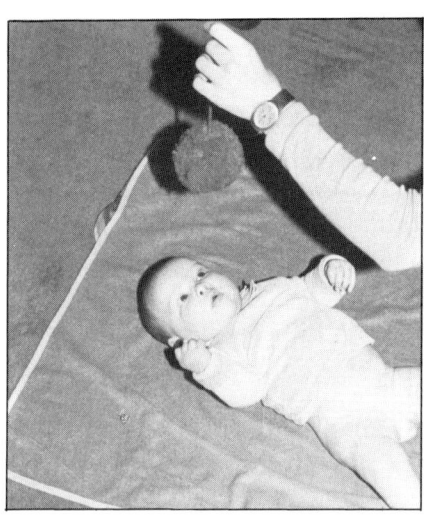

An den Seiten des Kinderbettchens wird abwechselnd etwas Buntes aufgehängt, z. B. ein roter Waschlappen, ein grünes Taschentuch oder ein blaues Band.

Ziehen Sie Ihrem Kind farbige Strampelhöschen und Söckchen an. Sie wecken damit seine Aufmerksamkeit, wenn es mit Beinen und Armen spielt.

Viel Anregung bietet ein buntes Mobile über dem Bettchen. Das Kind wird seine sanften Bewegungen verfolgen und hat somit etwas zum Schauen und Beobachten.

Abb. 1

Tragen Sie Ihr Kind häufig im Zimmer umher, damit es immer Neues zu sehen bekommt, aber auch bekannte Dinge aus einem anderen Blickwinkel betrachten kann. Dabei sprechen und erklären Sie alles, was Sie zeigen. Siehe Kap. 3.1. Seite 70.

Lassen Sie das Baby am Leben und Treiben der Umwelt als „Zuschauer" teilnehmen. Es soll z. B. bei gemeinsamen Mahlzeiten die ganze Familie sehen und beobachten können.

Wenn Sie den Kinderwagen in den Garten stellen oder damit spazierenfahren, üben die vom Wind bewegten Blätter und Zweige immer aufs neue Anziehungskraft aus.

Betrachten Sie mit Ihrem Kind gemeinsam einen Gegenstand, indem Sie ihn möglichst oft vor seinen Augen drehen und wenden.

Im Bettchen des Kindes sollte immer etwas zum Schauen und Greifen liegen. Erstes Spielzeug sollte aus verschiedenen Materialien, z. B. aus Holz, Metall oder Plastik gefertigt sein, damit die Hände die unterschiedliche Qualität betasten können.

Das Neugeborene nimmt seine ersten Eindrücke hauptsächlich über die Haut auf, und so stellt das „In-den-Mund-nehmen" eine wichtige Lernerfahrung dar. Lecken, Saugen und Tasten sind erste Kontakte zu Dingen und Menschen. So hat auch das Stillen eine wichtige Bedeutung. Der Säugling spürt die Wärme und Weichheit der mütterlichen Brust und erlebt die erste positive Begegnung mit einem Menschen.

1. 2. Gegenstandserkennung

Gegen Ende des ersten Lebensjahres greift das normal entwickelte Kind schon recht zielsicher nach Gegenständen (Abb. 2). Es langt nach der Flasche, untersucht Spielzeuge mit Mund und Händen und erkennt bestimmte Dinge und Personen seiner Umgebung wieder. Will man ihm ein Spielzeug wegnehmen, so läßt es dieses nicht los und reagiert unmutig, wenn es trotzdem geschieht.

Das Kind hat in dieser Zeit auch schon begriffen, daß Dinge, die mit einem Tuch zugedeckt sind, noch da sind, auch wenn man sie nicht sieht. Das ist in der geistigen Entwicklung des Babys ein großer Schritt. Es hat damit die Fähigkeit erworben, sich etwas vorzustellen und sich daran zu erinnern, auch wenn es im Augenblick gar nicht zu sehen ist.

Das Kind experimentiert aktiv. Es begnügt sich nun nicht mehr damit, bekannte Handlungen zu wiederholen, sondern es variiert und erweitert sie. So zieht es an einer Schnur ein daran befestigtes Spielzeug zu sich heran. Es zieht auch an der Tischdecke, um an einen Gegenstand heranzukommen, oft zum Leidwesen der

Abb. 2   Abb. 3

Mutter. Grund ist eben seine erwachende Entdeckungsfreude. Das Kind kennt seine nähere Umwelt inzwischen schon recht gut und ist auch in der Lage, gleiche Gegenstände einander zuzuordnen und von andersartigen zu unterscheiden.

Wie kann gefördert werden?

Entwicklungsalter: ab 15 Monate

Bei den Zuordnungsübungen von Gegenständen benötigt man von allen Dingen, die das Kind zuordnen soll, zwei Stück: 2 Bälle, 2 Autos, 2 Bauklötze, die sich alle in Größe, Farbe und Form völlig gleichen müssen.

Das Kind kann sich dabei frei im Raum bewegen. Die Mutter hat von den Spielgegenständen ein Stück in einem Korb oder auf dem Tisch liegen, und das andere Stück liegt irgendwo am Boden. Nun hält sie vielleicht den Ball aus dem Korb hoch, blickt auf den zweiten Ball im Raum und fordert das Kind auf, diesen zu bringen. Hat das Kind die Aufgabe nicht verstanden, so holt die Mutter den anderen Ball und legt die beiden Bälle nebeneinander. Das Kind soll dadurch erkennen, daß beide Bälle völlig gleich sind.

Zuordnungsübungen dieser Art machen den Kindern viel Freude. Dabei ist es ratsam, in das verwendete Spielmaterial viel Abwechslung zu bringen.

Gut eignen sich:
Löffel, Plastiktassen und Plastikteller, Klammern, Schuhe, Söckchen, Waschlappen, Äpfel, Puppen-, Spiel- und Sandkastenmaterial.

Als Erweiterung dieses Spieles könnten folgende Zweiersortierübungen durchgeführt werden:
In einem Karton befinden sich Nüsse und Streichholzschachteln. Der Erwachsene hat zwei kleine Behälter daneben gestellt und legt in ein Gefäß die Nüsse, ins andere die Streichholzschachteln (Abb. 3).
Hat das Kind die Aufgabe erfaßt, darf es selbst die restlichen Dinge in den vorgesehenen Behälter sortieren.

Die Aufgabe kann ab 2 Jahren auf drei oder mehr Unterschiede erweitert werden.

16

1.3. Bilderkennung

Im ersten Lebensjahr hat das Kind die Fähigkeit erworben, eine Reihe von Gegenständen seiner Umwelt zu unterscheiden. Nun beginnt es die Eindrücke der Wirklichkeit auf Abbildungen zu übertragen. Es erkennt im Bilderbuch seine Umwelt wieder (Abb. 4). Die ersten Bilder sollten Gegenstände seiner näheren Umgebung sein, z. B. Teddy, Ball, Flasche, Puppe und Löffel. Das heißt, die ersten Abbildungen sollen aus dem unmittelbaren Interessenkreis und Erlebnisbereich des Kindes kommen.

Abb. 4

Den Teddy kann man in die Hand nehmen. Im Bilderbuch findet es den Teddy wieder. Hier entwickelt sich ein Lernvorgang: von der Dreidimensionalität zur Zweidimensionalität.

Wie kann gefördert werden?

Entwicklungsalter: ab 17 Monate

Das Kind soll im Bilderbuch Gegenstände seiner näheren Umwelt wiedererkennen können. Auf einer Bildseite soll nur ein Gegenstand abgebildet sein und zu dem Erlebnisbereich des Kindes gehören. Die Darstellung sollte nicht zu klein, in klaren, deutlichen Grundfarben und in seinen Grundformen erkennbar sein, ohne viele Details. Es soll nun den betreffenden Gegenstand zum Bild legen. Dazu muß der Gegenstand mit dem Bild zunächst völlig identisch sein.

Das erste Bilderbuch kann auch selbst hergestellt werden, indem aus Katalogen, Prospekten oder Zeitschriften entsprechende Bilder auf Pappe aufgeklebt werden.

Erste Bilderbücher:

v. A. Dependorf **Erstes Bilderbuch**	Otto Maier Verlag	*v. H. Wernhard* **Das ist meins**	Otto Maier Verlag
v. D. Bruna **Erste Bilder**	Otto Maier Verlag	*v. H. Wernhard* **Wer kommt da?**	Otto Maier Verlag
v. D. Dependorf **Fürs Baby**	Otto Maier Verlag	*v. H. Wernhard* **Wer fährt in diesem Auto?**	Otto Maier Verlag
v. A. Dependorf **Tiere**	Otto Maier Verlag	*v. M. Rettich* **Dies und das aus meiner Welt**	Oetinger Verlag
v. D. Bruna **Bunte Bilder**	Otto Maier Verlag	*v. M. Rettich* **Steig ein**	Oetinger Verlag
v. A. Dependorf **Tiere und ihre Kinder**	Otto Maier Verlag	*v. J. Sengler* **Auto, Auto**	Parabel Verlag
v. D. Bruna **In unserem Haus**	Otto Maier Verlag	*v. A. Anderson* *Lern-Spiel-Buch* **Wie kleine Kinder denken lernen**	
v. D. Bruna **Guten Tag, liebes Kind**	Otto Maier Verlag	Heft 1 / 1	Hyperion

1. 4. Körperkenntnis

Mit zu den ersten Lernerfahrungen eines Kindes gehört die Kenntnis seines Körpers. Es entdeckt seine Hände, seine Füße, die Nase, die Ohren. Etwas später kann es diese Teile auch an anderen Personen oder an Puppen wiedererkennen (Abb. 5).

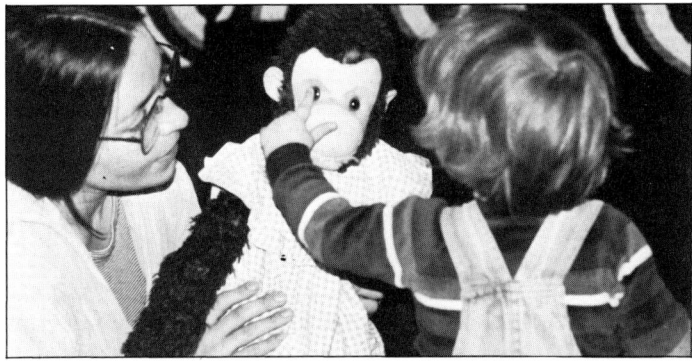

Abb. 5

Nach dem vierten Lebensjahr sollte ein Kind auch die räumliche Anordnung und die Bewegungsmöglichkeit seiner Körperteile kennen und grob wiedergeben können. Ein vierjähriges Kind malt ein Männchen, das nur aus Kopf, Armen und Beinen besteht.
Bis zum Schuleintritt sollte es in der Lage sein, die menschliche Figur mit ca. zehn Teilen wiederzugeben. Viele Kinder wissen heute sehr genau über Autos

Bescheid, aber ihren eigenen Körper kennen sie zu wenig. Wieviel Unerklärliches und Geheimnisvolles geschieht mit diesem Körper? Beim Laufen kommt man außer Atem, und es klopft das Herz. Wenn es warm ist, schwitzt man beim Herumtollen und vieles andere mehr.

Wie kann gefördert werden?

Entwicklungsalter: ab 18 Monate

Schon in den ersten Monaten macht die Mutter das Kind mit seinem Körper vertraut, indem sie die Füße beim Wickeln durch Anheben deutlich vorzeigt oder auf Ohren, Augen, Nase aufmerksam macht und so erste Körperkenntnisse vermittelt.

Spiele vor einem großen Spiegel sind faszinierend schon für kleine Kinder. Sie erweitern die eigene Körpererfahrung. Auch ein kleiner Spielspiegel von Kiddycraft kann dem Kind angeboten werden. Er ist unzerbrechlich, durch Greiflöcher im Plastikrand gut zu handhaben und macht selbst Babys Spaß. So werden sie spielerisch allmählich mit dem eigenen Gesicht vertraut.

Später, ab etwa 4 Jahren, kann ein „Körperschema-Männchen" aus Pappe hergestellt werden. Bauch, Kopf mit Hals, Arme und Beine werden aufgemalt und so ausgeschnitten, daß das Kind die Körperteile auch einzeln gut erkennen kann. Dieser Papp-Mensch wird dann zusammengefügt (Abb. 6).

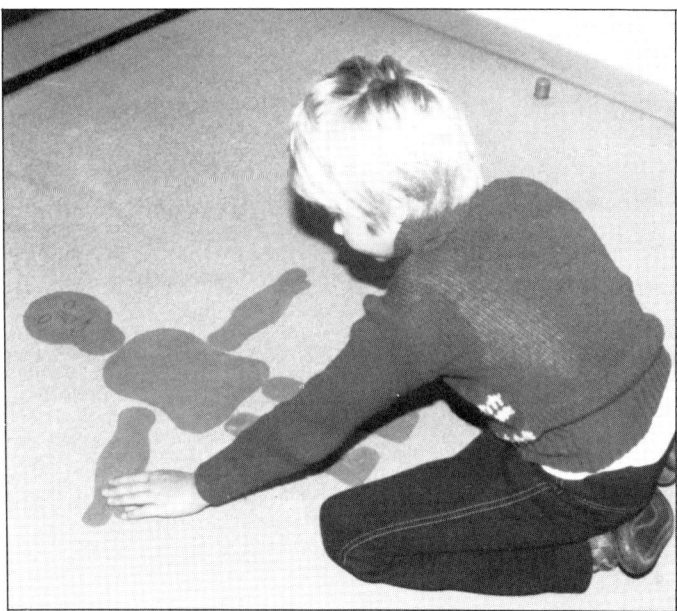

Abb. 6

So lernt das Kind über seine Beobachtung das Schema der menschlichen Figur kennen. Später bemüht es sich, die wahrgenommene Figur mehr und mehr auch wiederzugeben.

Als gemeinsames Handeln kann folgendes Spiel durchgeführt werden: Vater oder Mutter zeichnen Menschen auf Papier oder auf eine Tafel, einen Körperteil nach dem anderen, wobei das Kind den Körperteil, welcher gerade gezeichnet wird, bei sich selbst berühren soll. Auch kann es angeben, was als nächstes gemalt werden muß. Nach dem Kopf kommt der Hals, dann kommt der Rumpf usw. Die Vervollständigung einer nicht ganz zu Ende gezeichneten menschlichen Figur oder eines Gesichtes macht den Kindern ebenfalls viel Freude.

Material:

Bezeichnung	Beschreibung	Hersteller
Kiddicraft Spiegel	Spielspiegel, beide Spiegelseiten aus elastischem Kunststoff, mit Grifflöchern für das Baby.	Kiddicraft
Legoland Figuren	Aus 138 Elementen entstehen 36 Leute. Frisuren, Hüte, Köpfe und Beine, alles ist austauschbar.	Lego
Puppen	Babypuppen, Anziehpuppen, Badepuppen; Puppen zum Liebhaben, Spielen und Lernen.	verschiedene Hersteller
Playmobil-Figuren	Figuren mit beweglichen Gliedern und zahlreichem Zubehör.	Playmobil
Bilderbuch „Du und Ich" v. M. Reidel	Zwei Kinder, Otto und Evi werden „besichtigt". Ottos Kopf und Evis Kopf, Evis Arme, Ottos Arme. Otto und Evi haben sich ausgezogen. Nun kann man sehen, daß Otto ein Junge und Evi ein Mädchen ist.	Sellier
Körpermännchen	Aus fester Pappe werden Kopf, Rumpf, Arme und Beine ausgeschnitten. Die Teile werden als menschliche Figur zusammengelegt. Größe ca. 60 cm.	selbst herstellbar
Ringelreihen	Eine fröhliche Kinderschar wartet auf das Ringelreihenspiel. Kinderfiguren sollen aneinandergestellt werden und sich die Hände reichen. Doch nicht jedes Kind kann das. Die Hände müssen zusammenpassen.	Otto Maier
Erzählbilderbuch: „Mein Körper"	In einer Geschichte erfahren Kinder vieles über ihre Körperfunktionen, über Bewegung und Kraft, Kranksein und Gesundsein.	Otto Maier

1. 5. Größenzuordnung

Die Fähigkeit zur Größenerkennung und -unterscheidung sollte ein Kind lange vor dem Schuleintritt beherrschen. Das ist grundlegend wichtig, damit später im Rechenunterricht Mengenunterschiede begriffen werden können. Der erste Schritt zu dieser Fähigkeit besteht darin, zwischen groß und klein, dick und dünn, kurz und lang unterscheiden zu können.
Im Alter von 5 – 6 Jahren soll das Kind dann in der Lage sein, zehn verschiedene Gegenstände der Größe nach zu ordnen.

Wie kann gefördert werden?

Entwicklungsalter: ab 18 Monate

Fangen Sie mit Sortierübungen an. Als Material eignen sich kleine und große Gegenstände (Abb. 7), die in Farbe und Form gleich sind, dafür aber sehr unterschiedlich in der Größe, z.B. Teelöffel und Eßlöffel, Kinderschuhe und Erwachsenenschuhe.
Das Kind legt alle kleinen Löffel zusammen und alle großen Löffel, oder: hier kommen alle kleinen Schuhe hin, und dort stehen alle großen Schuhe.
Vom Sortieren zweier unterschiedlicher Größen geht das Kind sehr viel später zu drei oder mehr Größenunterscheidungen über. D.h., es legt z.B. drei oder vier verschiedene Löffel von klein bis groß in eine Reihe.
Das gleiche Spiel kann mit mehreren Tassen, Schüsseln, Töpfen, Deckeln, Kochlöffeln, Türmen aus Legosteinen, Trinkhalmen, Bleistiften usw. durchgeführt werden(Abb. 8). Der Haushalt bietet eine Fülle von Möglichkeiten.

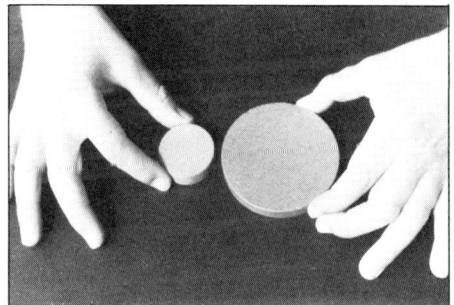

Abb. 7   Abb. 8

Spiele mit den Baubechern:
Nicht den ganzen Bausatz dem Kind anbieten, sondern zunächst nur den kleinsten und den größten, später einen von mittlerer Größe hinzunehmen usw. Die Becher stehen mit den Öffnungen nach oben nebeneinander auf dem Tisch. Sie stellen diese nun betont langsam ineinander, so daß das Kind Sie dabei beobachten kann. Dann darf es selbst probieren und die drei Becher ebenfalls ineinanderstellen. Wird diese Aufgabe gekonnt, ordnen Sie mehrere Baubecher der Größe nach als „Zug" in eine Reihe. Dann stülpen Sie einen über den anderen, so daß zum Schluß alle bis auf einen verschwunden sind (zuerst den kleinen verschwinden lassen, dann den zweiten usw., der Große bleibt als letzter übrig).
Die Baubecher können auch aufeinander gestellt werden. Dabei entsteht ein großer Turm, der dann umgeworfen werden kann.

Material:

Bezeichnung	Beschreibung	Hersteller
Baubecher (rund)	Verschieden große Becher können aufeinander oder ineinander gesetzt werden.	Kiddicraft
Würfelpyramide (viereckig)	Verschieden große viereckige Becher ebenfalls zum Ineinander- oder zum Aufeinandersetzen.	Kiddicraft
Riesenbaubecher	Diese sehr großen Baubecher lassen sich türmen, außerdem läßt ihre Größe zahllose andere Verwendungsmöglichkeiten zu (als Behälter für Farbsortierübungen z. B.)	Kiddicraft
Kiddi Eier	Ein Ei paßt ins andere. Die Hälften sind zusammenzustecken. Das Küken im kleinsten Ei zu entdecken, ist eine große Freude.	Kiddicraft
Däumlingsfässer	Der Däumling verbirgt sich im kleinsten der 7 Fässer, die sich in der Mitte aufschrauben lassen.	Kiddicraft
Glockenpyramide	Auf einer Spindel werden 8 bunte Scheiben zu einer Pyramide aufeinandergesteckt.	Kiddicraft
Ringpyramide	Der Führungsstab in der Mitte ermöglicht einen Zusammenbau in vielen Varianten.	Kiddicraft
Matrjoschka	Puppe in der Puppe. Verschiedene Puppen werden von klein bis groß ineinandergesteckt.	
Großes Treppensteckbrett	Massives Buchenbrett mit 25 Walzensteckern in 5 Größen und 5 Farben.	Brio
Legeleisten: Apfel, Birne, Schweine, Hühner, Hunde, Katze, Hähne, Ente	Mehrere kleiner werdende Motive zum Einsetzen.	Didago
Breitenblock	9 unterschiedlich breite, gleich lange Rechtecke zum Einsetzen	Didago
Längenblock	12 Rechtecke in gleicher Breite und unterschiedlicher Länge.	Didago
Cuisenaire Material	Holzstäbchen in 10 Farben von 1 cm bis 10 cm Länge, zur Größenkenntnis und zur Mengenerfassung.	Cuisenaire
Tommy-Schnecke	5 verschieden große Ringe zum Aufstecken.	Brio
Clown	11 Teile zum Aufstecken. Es entsteht ein lustiger Clown.	Brio
Knirps im Faß	Bunter Fässer werden ineinandergesteckt. Wo hat sich der Knirps versteckt?	Otto Maier

1. 6. Formenzuordnung

Die Formenkenntnis ist eine elementare Voraussetzung, die das Kind benötigt, um sich zu orientieren. Eine gute Formenauffassung ist ebenfalls beim Schuleintritt von großer Bedeutung.

Lesen, Schreiben und Rechnen hat als Vorbedingung die Formenkenntnis und -wiedergabe. Daher sollte ein Kind, wenn es eingeschult wird, verschiedene Formen wiedererkennen oder in Einzelheiten zerlegte Formen (wie es durch Puzzle-Spiele geübt wird), wieder in ihrer Grundform zusammenfügen können.

Wie kann gefördert werden?

Entwicklungsalter: ab 18 Monate

Spiel mit der Formenbox:
Ein beliebtes Spielzeug für ein Kleinkind ist die Formenbox (Abb. 9). Hier macht es schon unbewußt Erfahrungen mit unterschiedlichen Formen, indem es das viereckige Klötzchen nicht in die runde Öffnung stecken kann. Das Kind wird nach dem Prinzip Versuch-Irrtum erste Lernerfahrung damit machen. Eine Hilfe dabei ist, wenn vorerst einige Öffnungen zugeklebt werden. So findet es eher die richtige Einsteckmöglichkeit.

Entwicklungsalter: ab 2 Jahre

Bei dem gezielten Bewußtmachen der Formenkenntnis fängt man mit einfachen Einsetzübungen an. Hierzu eignen sich eine Reihe von Formen- und Farbenbrettern. Dabei muß die entsprechende Form in einen dafür vorgesehenen ausgestanzten Raum eingesetzt werden.

Auch die logischen Blöcke können zum Einsortieren von Formen genommen werden. Dazu benötigt man eine Schachtel mit drei gleichgroßen Unterteilungen, die jeweils mit einem Formenbeispiel (Kreis, Dreieck, Quadrat) beklebt sind. Das Kind legt nun die Formenklötze in die entsprechend markierten Fächer. Viele Formenspiele vertiefen und festigen in der folgenden Zeit die Formenkenntnis.

Abb. 9

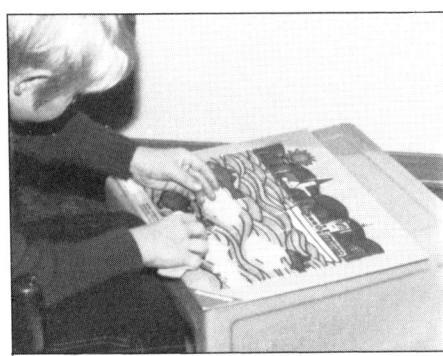

Abb. 10

Entwicklungsalter: ab 4 Jahre

Im Umgang mit alltäglichem Spielmaterial (Bauklötze, Würfel, Klicker) begegnen dem Kind ständig geometrische Formen. Auch mit diesen Dingen können Spiele entwickelt werden, bei denen Formen wiedererkannt werden sollen.

Sehr gerne mögen Kinder Puzzle-Spiele. Die Grundform eines Bildes ist dabei in viele kleine Teile zerlegt und wird dann wieder zusammengefügt. Bei diesen Zusammensetzspielen wird neben der Formerfassung, Ausdauer und Konzentration geübt, doch ist es wichtig, dem Kind seinem Können angemessene Spiele zu geben, d.h. es muß die Anzahl der Teile übersehen können.

Erste Puzzle-Spiele lassen sich leicht selbst herstellen, indem Postkarten, Abbildungen aus Zeitschriften oder Katalogen beliebig oft, jedoch nicht zu klein, zerschnitten und vom Kind wieder zusammengesetzt werden.

Bei der Didacta-Puzzle-Serie sind die Konturen der kleinen Bildteile auf einer Papplage deutlich gemacht und erleichtern dem Kind das Auffinden eines Puzzles (Abb. 10).

Material:

Bezeichnung	Beschreibung	Hersteller
Formenwürfel	Formenbox: Kästen, in die durch verschiedene Öffnungen entsprechend geformte Teile durchgesteckt werden.	verschiedene Hersteller
Einsteckspiel	wie oben	Kiddicraft
Steckbox	wie oben.	Simplex
Kiddi Tresor	wie oben.	Kiddicraft
Spieldose (natur) Nr. 1	wie oben.	Eibe
Zuordnungsdose (bunt)	wie oben.	Eibe
Formenbrett	Holzbrett mit 8 bunten geometrischen Formen zum Einsetzen.	Didago
Geometrische Formen	Plastikformen zum Einsetzen.	Kiddicraft
Zeiger dreh dich	Ein Zeiger wird gedreht und zeigt die Form an, die gesucht werden soll (Fröbelspiel).	Dusyma
Logische Blöcke	Verschiedene Ausgaben in Holz und Plastik.	Herder
Denken macht Spaß	Das Buch erläutert den Gebrauch der logischen Blöcke.	Herder
Blinde Kuh	Tastspiel. Verschiedene Formen sollen ertastet werden. Eine Maske wird aufgesetzt und dann kann gefühlt werden.	Otto Maier
Holzmosaik	Holzlegespiel. Aus bunten Holzplättchen können nach Vorlagen Muster und Bilder gelegt werden.	Otto Maier
Colorama	Der Spielplan besteht aus Feldern mit verschiedenen Formen. Die Spielsteine sollen in die passenden Felder eingeordnet werden. Dabei kann auch mit einem Farb- und Formenwürfel gespielt werden.	Otto Maier

Bezeichnung	Beschreibung	Hersteller
Mini LÜK Arbeitsgerät	Ein Lernspielgerät mit Selbstkontrolle	Vogel
Figuren und Formen I Figuren und Formen II	Zum LÜK-Gerät benötigt man diese Übungshefte zur Formenerfassung.	Vogel
Transport	Puzzle aus unzerbrechlichem Plastikmaterial. Autos, Flugzeuge, Lastwagen werden im Ganzen herausgenommen und wieder eingesetzt.	Kiddicraft
Zoo	Einfache Grundformen von Tieren zum Herausnehmen. Material: Plastik	Kiddicraft
Spielbrett	Einsetzformen zum Herausnehmen, mit einem Stöpsel zum Anfassen (Übung auch für Pinzettengriff)	Didago
Verkehr	Einsetzformen zum Herausnehmen, mit einem Stöpsel zum Anfassen (Übung auch für Pinzettengriff)	Didago
Tiere	Einsetzformen zum Herausnehmen, mit einem Stöpsel zum Anfassen (Übung auch für Pinzettengriff)	Didago
Baby-Puzzle	Die 10 Plastikförmchen in verschiedenen Farben und Formen passen jeweils nur in ein Fenster des bunten Hauses.	Otto Maier
Beim Spielen	8 Teile aus Holz mit ersten Bildern des Kindes können mit einem Stöpsel angefaßt, herausgenommen und wieder eingesetzt werden.	Otto Maier
Beim Essen	8 Teile aus Holz können herausgenommen und wieder eingesetzt werden.	Otto Maier
Auf dem Lande	Einsetzpuzzle mit 9 Teilen	Otto Maier
Auf dem Markt	Rahmenpuzzle 11 Teile zum Einlegen	Otto Maier
Was backt der Bäcker	Rahmenpuzzle 8 Teile zum Einlegen	Otto Maier
Auf große Fahrt	28 Teile aus Holz	Otto Maier
Puzzle dir eine Geschichte	Didacta-Puzzle im Kasten 2 x 45 Teile	Otto Maier
Was fliegt	Didacta-Puzzle 36 Teile	Otto Maier
Wir ziehen um	Didacta-Puzzle 44 Teile	Otto Maier
Straßenverkehr	Didacta-Puzzle 34 Teile	Otto Maier
Am See	Didacta-Puzzle 40 Teile	Otto Maier
Auf dem Bauernhof	Didacta-Puzzle 40 Teile	Otto Maier
Beim Einkaufen	Didacta-Puzzle 43 Teile	Otto Maier
Gänseliesel	Boden-Puzzle mit 20 Teilen	Otto Maier
Dick Bruna Farm	Boden-Puzzle mit 35 Teilen	Otto Maier

1. 7. Farbenzuordnung

Das Kind wächst in einer Umwelt auf, in der es ständig mit Farben konfrontiert wird, und es merkt, daß diese Farben Namen haben. Um ihm die optische Unterscheidung der Grundfarben zu erleichtern, fangen wir mit einfachen Farbsortierübungen an. Erst später wird die Farbbezeichnung geübt (vergl. „Sprachfähigkeit und Wortverständnis" Seite 41).

Wie kann gefördert werden?

Entwicklungsalter: ab 2 Jahre

Die erste Farbzuordnungsübung beginnt mit zwei Farben. Den meisten Kindern ist die Farbe Rot schon vertraut. Legen Sie in einen Behälter einige rote und blaue, in Form und Größe gleiche Bauklötze hinein. Auf dem Tisch stehen zwei blau und rot beklebte Kartons, in die die entsprechenden Farbklötze einsortiert werden sollen.

Zu Beginn des Spieles zeigt die Mutter dem Kind ein rotes Bauklötzchen, deutet auf die gleichaussehende rote Schachtel und legt das Klötzchen dort hinein. Beim nächsten Mal greift die Mutter ein blaues Klötzchen, zeigt es dem Kind und legt es in eine blaue Schachtel. Nun darf das Kind aus dem großen Karton den nächsten Gegenstand holen und in den gleichfarbigen Behälter tun.

Hat das Kind das Bauklötzchen in den falschen Kasten getan, holt es die Mutter wieder heraus, zeigt nochmal auf die Farbe und steckt das Klötzchen in den richtigen Behälter. Die Farbzuordnungsübungen werden dann auf die Farben Gelb und Grün erweitert. Es sollen dabei mindestens sechs Gegenstände einer Farbe zum Sortieren zur Verfügung stehen, da es dem Kind dann leichter fällt, den Sinn dieser Zuordnung zu erfassen. Die Farbzuordnungen lassen sich recht abwechslungsreich gestalten.
Als Behälter zum Einsortieren sind geeignet:
Farbig beklebte Schuhkartons oder Dosen, einfarbige, kleine Plastikeimer oder Kiddicraft-Becher.
Zum Einsortieren eignen sich:
Muggelsteine (bunte, halbrunde Kunstharz-Spielsteine in verschiedenen Größen), Knöpfe, Lego-Bausteine, Rechenstäbchen, Wäscheklammern, Holzoder Glasperlen, Stecker von Steckbrettern, oder farbige Papierstücke, farbige Bauklötze, Wollfäden, einfarbige Autos. Für Autos kann der Pappkarton auch zur Garage umgebaut werden. Das blaue Auto fährt in die blaue Garage, das gelbe Auto in die gelbe Garage usw.

Gelingt das Einsortieren mit gleichen Gegenständen nach farblicher Zuordnung, besteht der nächste Schwierigkeitsgrad darin, unterschiedliche Gegenstände nach der Farbe zu ordnen.

Material:

Bezeichnung	Beschreibung	Hersteller
Farbsteckspiel	Die Packung enthält 4 Brettchen mit Rundstäben in den Farben rot, blau, gelb, weiß, grün und einen Farbwürfel, die gewürfelte Farbe wird in das Brett eingesteckt. Einzel- und Gruppenspiel.	Selecta
Farben und Formen	4 Legetafeln aus starker Pappe und 36 Deckkarten, einfache bis differenzierte Formen, bei einer Karte erfolgt z.Tl. nur farbliche Zuordnung.	Otto Maier
Colorama	Viele kleine farbige Formen aus Plastik zum Einsetzen auf ein Spielbrett, Einzel- und Gruppenspiel.	Otto Maier
Bunte Ballone	4 Legetafeln, 24 farbige Scheiben, 1 Farbwürfel, der Würfel entscheidet, welcher Ballon (Scheibe) aufgelegt wird.	Otto Maier
Der bunte Pipifax	1 Spielplan, 64 bunte Rundhölzer zum Einsetzen, 1 Farbwürfel.	Otto Maier
4 erste Spiele	Drei Farbwürfelspiele: einfache farbige Blumenformen können aufgelegt werden, außerdem sind noch andere Spielüberraschungen vorhanden.	Otto Maier
Rädchenspiel	Buchenholzleiste mit 4 Rundstäben in den Grundfarben, dazu gleichfarbige Scheiben zum Aufstecken.	Selecta
Spieldose Nr. II	Inhalt 200 bunte Quadrattäfelchen zum Musterlegen.	Eibe
Spieldose Nr. III	Inhalt 300 Dreiecktäfelchen zum Musterlegen.	Eibe
Fröbel Arbeitskasten	Holzkasten mit vielen Legetäfelchen, Legeringen, Legestäbchen in vielen Farben und Formen.	Widmaier
Coloredo Steck-Spiel	Aus großen bunten Steckern können Blumen oder sonstige Formen gesteckt werden.	Quercetti
Muggelsteine	Bunte Halbkugeln aus Plastik in verschiedenen Größen, für Sortierübungen, zum Musterlegen.	
Lego Bausteine	In verschiedenen Packungen erhältlich.	Lego
Lego Duplo	Große Legosteine, besonders für kleinere Kinder gedacht.	Lego
Perlen	In verschiedenen Größen, aus Holz oder Plastik.	
Klammern	Plastik in verschiedenen Farben.	
Ouips	Farbwürfelspiel. Legetafeln mit ausgestanzten Spielfeldern, in die die farbigen Holzspielsteine eingesetzt werden.	Otto Maier

Bezeichnung	Beschreibung	Hersteller
Plastikgeschirr	Puppenspielartikel oder auch buntes Geschirr aus dem Haushalt.	
Bauklötze	Verschiedene Farben.	Versch. Hersteller
Stapelbauspiel 1	17 verschieden geformte Elemente zum Stapeln und Bauen, in den Farben rot, gelb, blau. Die besondere Form der Bauelemente garantiert den Bauerfolg.	Schildkröt
Stapelbauspiel 2	32 Elemente, wie Stapelbauspiel 1, jedoch in 4 Farben.	Schildkröt
Stapelbauspiel 3	42 Elemente, davon 28 Rundbausteine, in 4 Grundfarben.	Schildkröt
Tempo, kleine Schnecke	Die Holzschnecken starten zum Rennen. Der Farbwürfel bestimmt, welche vorwärts kommt.	Otto Maier
Quips	Ein lustiges Farbwürfelspiel für die Jüngsten. In die ausgestanzte Vertiefung der Bildtafeln passen genau die farbigen Holzsteine und verrutschen nicht.	Otto Maier
Kribbel — Krabbel	Originelles Farbenlegespiel mit lustig gelochten Ameisenkarten. Erst, wenn die Ameisen richtig auf dem Spielplan liegen, sind sie farblich wieder komplett.	Otto Maier

1. 8. Bildzuordnung

Wenn die Zuordnung eines Gegenstandes zu einem Bild keine Schwierigkeiten mehr bereitet, kann die Zuordnung von Bild zu Bild geübt werden. Hierzu eignen sich die Memory-Spiele, die Lotto-Spiele und die Domino-Spiele.

Wie kann gefördert werden?

Entwicklungsalter: ab 2 Jahre

Wie bei jedem Spiel wird man auch bei der Bildzuordnung vom Leichten ausgehen und erst allmählich zu immer schwierigeren Aufgaben kommen.

Die erste Spielmöglichkeit ist die Zuordnung von Bild zu Bild: Drei Bilder liegen auf dem Tisch. Die dazugehörigen gleichen Bilder hält die Mutter in der Hand. Nun zeigt sie dem Kind ein Bildtäfelchen, und das Kind sucht das gleiche Bild aus der auf dem Tisch liegenden Reihe heraus und gibt es der Mutter. Diese legt beide Bilder zusammen, damit das Kind den Zusammenhang begreift.

Für diese erste Spielmöglichkeit eignet sich gut ein Memory-Spiel, da es einfache und dem Kind bekannte Bildmotive enthält. Es sollen nur so viele Bildpaare ins

Spiel genommen werden, wie es dem jeweiligen Können des Kindes entspricht. Ist das Kind in der Memory-Bildzuordnung geübt, so soll ein Bilderlotto genommen werden (Abb.11). Hier müssen mehrere Bilder auf eine große Bildkarte gelegt werden. Hat das Kind Übung in diesem Spiel, nehmen sich Mutter oder Vater ebenfalls eine große Karte und legen nun abwechselnd die kleinen Bildkarten darauf.

Abb. 11

Entwicklungsalter: ab 3 Jahre

Das Dominospiel stellt in der Reihe Bilderkennung schon einen nächsthöheren Lernschritt dar. Nach einem bestimmten System müssen die Spielkarten aneinandergereiht werden. Eine Spielkarte mit zwei Bildmotiven liegt auf dem Tisch, eine andere Karte kann nur dann angelegt werden, wenn auf ihr eines der beiden Motive abgebildet ist. Die zweite Karte darf jedoch nur so an die schon liegende Karte angelegt werden, daß die gleichen Bilder nebeneinander liegen.

Material:

Bezeichnung	Beschreibung	Hersteller
Memory-Spiele:		
Junior Memory	Farbaufnahmen von Früchten, Blumen, Blättern und vielen anderen Dingen.	Otto Maier
Original Memory	Mehr grafische Motive.	Otto Maier
Verkehrszeichen Memory	Verkehrszeichen in grafischer und fotografischer Darstellung, ab 5 Jahren geeignet.	Otto Maier
Kinder-Memory	Einfache, klare Motive, deutlich in der Formwiedergabe.	Otto Maier
Dick Bruna Memory	Einfache, klar erkennbare Motive.	Otto Maier
Domino-Spiele:		
Domino	Tiere, Früchte, Pflanzen. Klare, deutliche Motive. Illustrationen von Dick Bruna.	Otto Maier

Bezeichnung	Beschreibung	Hersteller

Domino Spiele:

Bezeichnung	Beschreibung	Hersteller
Bilder Domino	Dominosteine aus Holz mit schönen Bildmotiven.	Mertens Kunst
Zoo Domino	Bilder von Tieren im Zoo, im Wald, im Feld.	Otto Maier
Farben Domino	28 Farbdominosteine aus Holz.	Mertens Kunst
Domino „Spielzeug" Domino „Haustiere" Domino „Fahrzeuge"	Zu den jeweiligen Oberbegriffen sind verschiedene Dinge auf den Karten abgebildet.	Otto Maier

Lotto-Spiele:

Bezeichnung	Beschreibung	Hersteller
Lottino	Bunte klare Bilder, Dinge aus der Umwelt des Kindes. Auf der Rückseite kehren alle Motive als Schattenrisse wieder.	Otto Maier
Bambino Lotto	Leuchtend bunte Bilder von Dingen, die das Kind umgeben.	Otto Maier
Mein erstes Lotto	Die Fotokärtchen können auf den Legetafeln sowohl den gleichen Fotos als auch den stark vereinfachten Zeichnungen zugeordnet werden.	Otto Maier
Tierbaby Lotto	Foto-Lotto, Tierbabys im Gehege und in freier Wildbahn fotografiert.	Otto Maier
Lotto „Blumen" Lotto „Vögel" Lotto „Wildtiere"	Je 4 Legetafeln und 24 Bildkarten zu den Themen.	Otto Maier
Farben und Formen	Legespiel mit geometrischen Formen.	Otto Maier
Leg's richtig	Lottotafeln mit 4 deutlich klaren Motiven.	Schmidt
Kinderwelt-Lotto	Lotto mit einfachen, kindgemäßen Motiven aus der Welt des kleinen Kindes. 3 Grundbretter und 24 Holztäfelchen.	Mertens
Maxi-Lotto „Erste Dinge"	Sehr große Motive für die Kleinsten. 4 Legetafeln und 16 Bildkarten.	Pestalozzi
Maxi-Lotto „Spielzeug"	Sehr große Motive für die Kleinsten. 4 Legetafeln und 16 Bildkarten	Pestalozzi

1. 9. Mengenzuordnung

Kinder zeigen für alles was sie umgibt großes Interesse. Dazu gehört auch, daß sie spielerisch zunächst verschiedene Mengen optisch vergleichen, ohne sie zunächst mit einer Zahl zu belegen. (Übungen zur Festigung der Zahlenbegriffe siehe „Sprachfähigkeit und Wortverständnis" Seite 50). Am leichtesten wird die Menge „eins" erfaßt. Dazu im Gegensatz steht die Menge „viel".

Wie kann gefördert werden?

Entwicklungsalter: ab 2 1/2 Jahre

Nehmen Sie aus einem mit Knöpfen, Kastanien, Legosteinen oder Glaskugeln gefüllten Behälter ein einziges Stück heraus und zeigen Sie dieses dem Kind, indem Sie ihm die offene Hand – z. B. mit der Kugel – hinhalten. Nehmen Sie mit der anderen Hand ebenfalls eine Kugel und halten Sie beide Hände zum Vergleich hin. Dann werden die Kugeln wieder zurückgelegt. Danach nehmen Sie wieder eine Kugel in Ihre Hand und fordern das Kind durch Gesten und Worte auf, sich auch eine Kugel zu holen.
Beim nächstenmal nehmen Sie viele Kugeln heraus und legen sie auf die offene Hand. Das Kind soll das gleiche tun. So wird das Spiel einige Male wiederholt, wobei zwischen der Menge „eins" und „viel" unterschieden wird. Die Mengenbezeichnung eins und viel kann unterstützend gebraucht werden. Wichtig ist aber zunächst, daß das Kind den Unterschied nur vom Auge her erfaßt. Ist die Menge „eins" und „viel" gekonnt, so wird die Menge „zwei" geübt.
Möglichkeiten zur weiteren Mengenschulung bieten zwei gepunktete Schaumstoffwürfel (Abb. 12). Der Erwachsene zeigt ein Punktbild (z. B. zwei Punkte), und das Kind soll die gleiche Anordnung der Punkte auf seinem Würfel suchen. Es empfiehlt sich, am Anfang nur die Punktbilder eins bis drei zu nehmen.

Abb. 12

Auf das Punktbild können auch eine entsprechende Anzahl Kugeln, Muggelsteine, Legos usw. gelegt werden. Die Menge soll immer deutlich sichtbar sein, wie auch nachfolgende Beispiele zeigen:
Zwei Puppen wollen Mittag essen. Sie brauchen zwei Stühle, zwei Teller, zwei Messer, zwei Gabeln. Oder: drei Häschen brauchen drei Möhren, drei Birnen, drei Kohlblätter. Viel Spaß macht es, den Tisch zu decken. Für Vater, Mutter und das Kind brauchen wir drei Tassen, drei Teller, drei Löffel usw.

Material:

Bezeichnung	Beschreibung	Hersteller
Sortierspiel Ballone	24 Kunststoff-Legetafeln in einem Kunststoffaufbewahrungskasten. Ordnen nach übereinstimmenden Mengen (1 - 6).	Vermande Zaalberg
Mengenterzett	Spiel in einem Holzkasten mit Schiebedeckel. Spiel zur Erfassung der Menge. Zuordnung von verschiedenen Materialien z. B. Kirschen, Pilzen, Stäbchen.	Stanecker
Glückskäfer Domino	Große rote Käfer mit schwarzen Punkten müssen aneinandergelegt werden.	Otto Maier
Rädchenspiel	Buchenholzleiste mit 4 Rundstäbchen in den Grundfarben, dazu gleichfarbige Scheiben zum Aufstecken, zur Farb- und Mengenzuordnung geeignet.	Selecta
1, 2, 3 wir rechnen	Vier Rechenspiele aufbauend im Zahlenraum 1 - 10. Zu dem Spiel gehören verschiedenfarbige Punktwürfel in den Mengengruppen 1 - 3, 1 - 4, 1 - 5, 1 - 6, Ziffernwürfel, Punktkarten, Spielmarken usw.	Turm
Rechenelement	Auf einem Sockel sind 5 Gruppen von Stiften für den Zahlenraum 1 - 5 und gelochte Platten für jede Zahl zum Aufstecken.	
Zahlenlotto	Spiel bestehend aus 5 großen Spielbrettern und 50 kleinen Brettchen zum Auflegen des Bildes mit der gleichen Menge	Turm
Erstes Rechnen	Auf sechs Legetafeln sind ungeordnete, geordnete, gegenständliche und symbolisch dargestellte Zahlenmengen und Ziffern. Mengen- und Ziffernerfassung von 1—10. Lotto-Spiel.	Otto Maier
Zahlen-Domino	Kinder lernen durch dieses Spiel die Zahlen von 1—9 und erkennen den Zusammenhang von Zahl und Menge.	Otto Maier
Ich zähle bis 4	Auf 4 doppelseitig bedruckten farbigen Spieleinlagen werden 12 gezackte Plättchen aufgelegt. Das Spiel bietet verschiedene Schwierigkeitsstufen im Zahlenraum von 1—4. Nur wenn richtig aufgelegt wird, passen die Zacken der Plättchen ineinander.	Heinevetter
Einertrainer 1—5	49 gezackte Plättchen können auf 4 verschiedene Spielpläne gelegt werden. Die Gestalt- und Mengenerfassung von 1—5 wird geübt. Ein Spiel mit Selbstkontrolle für das Kind.	Heinevetter
Didacta Puzzle von 1—10	Durch das Zusammensetzen der Teile werden Menge und Ziffer dem Kind vertraut.	Otto Maier

1. 10. Kategoriezuordnung

Oft haben Kinder große Schwierigkeiten zu erkennen, daß bestimmte Gruppen von Gegenständen, Eßwaren, Tieren usw. zusammengehören. Werkzeuge dienen alle einem ähnlichen Zweck. Desgleichen Musikinstrumente oder Küchengeräte. Jeder Oberbegriff ist im Grunde eine Sammelbezeichnung, die auf eine Zusammengehörigkeit hinweist. Backwaren gehören als Gruppe zusammen, genau wie Obst, Gemüse oder Getränke. Je mehr Erfahrung ein Kind im Umgang mit all diesen Dingen hat, desto schneller wird es allein von den Augen her die Zusammenhänge begreifen. Die entsprechenden Wortbezeichnungen lernt es meist spielend nebenbei (vergl. „Sprachfähigkeit und Wortverständnis", Seite 47).

Wie kann gefördert werden?

Entwicklungsalter: ab 3 Jahre

Legen Sie Dinge in ein Kästchen, die man essen kann, und solche, die in der Küche gebraucht werden. Nun fordern Sie das Kind auf: „Lege alles, was in die Küche gehört, zusammen!" Oder: „Suche alles heraus, was man essen kann."

Genauso wird mit den Kategorien Besteck, Spieltiere oder Spielzeug verfahren (Abb. 13). Diese und weitere Merkmalgruppen können ab 4 1/2 Jahren aus einem Katalog ausgeschnitten werden, z. B. Dinge, die in das Badezimmer gehören, oder Möbel, Tiere, Blumen usw.

Abb. 13

Eine gute Gelegenheit zur Festigung und praktischen Nutzanwendung bietet sich beim Einkaufen. Da ist der Obststand. Schauen Sie sich mit Ihrem Kinde die Auslagen an. Was gehört zum Gemüse? Was gibt es alles beim Bäcker? Gerade zum Kennenlernen der Oberbegriffe sind Lernanregungen im Haushalt und aus der näheren Umwelt des Kindes gut zu verwenden.

Material:

Bezeichnung	Beschreibung	Hersteller
Schopping	Legespiel mit dem Thema: Obst, Gemüse, Möbel, Kleidung	Finken

Bezeichnung	Beschreibung	Hersteller
Wir ziehen ein	Legespiel mit dem Thema: Wohnungseinrichtung.	Finken
Kindergartenspiel	Ein Spiel für vorschulische Erkennungsübungen. 392 bildliche Darstellungen, z. T. nach Oberbegriffen geordnet. Bietet durch das Auflegen von gezackten Plättchen automatische Richtigkeitskontrolle.	Heinevetter
Lottino	Lottospiel, die Bilder auf einer Karte sind nach Oberbegriffen geordnet.	
Was gehört zusammen Folge 1 Folge 2	Bilderlotto. Was gehört zum Baum? Ast, Blatt, Blüte. Was gehört zum Körper? Solche und ähnliche Bilderfolgen werden aufgelegt.	Kuhlemann
Kreuz und Quer Serie 1 Serie 2	Eine Spielserie mit vielen Spielvarianten. Sie dient der Zuordnung von Dingen und Vorgängen.	Sellier
Beim Einkaufen	Didacta Puzzle Starke Pappausführung, die Konturen der Puzzleteile sind auf der Pappunterlage deutlich gemacht.	Otto Maier
Auf dem Bauernhof	Didacta Puzzle	Otto Maier
Straßenverkehr	Didacta Puzzle	Otto Maier
Im Laden	Didacta Puzzle	Otto Maier
v. Alain Gree Ich weiß alles	In einer Geschichte mit Niko werden die Gebiete Blumen, Autos, Tiere, Farben, Transportmittel erläutert.	Neuer Tessloff
An der Tankstelle	Didacta Puzzle	Otto Maier
Lotto „Blumen" Lotto „Vögel" Lotto „Wildtiere"	Zu dem jeweiligen Oberbegriff sind dazugehörige Dinge abgebildet.	Otto Maier
Domino „Haustiere" Domino „Fahrzeuge" Domino „Spielzeug"	Zu dem jeweiligen Oberbegriff sind dazugehörige Dinge abgebildet.	Otto Maier
Bei mir und anderswo	Ein Spiel mit 49 Plättchen zum Auflegen auf 3 doppelseitig bedruckte Einlegeblätter mit den Themen: Familie, Berufe, Versorgungsbetriebe, Verkehrsmittel, Sport usw.	Heinevetter
Unser Haus	Bildzuordnungsspiel mit 12 Kunststoffplättchen und 4 doppelseitigen Spieleinlagen zu den Themen von Zimmer und Gegenständen rund um das Haus.	Heinevetter

1.11. Einzelheiterfassung (optisches Differenzieren)

Im wesentlichen handelt es sich hier um die Fähigkeit stark differenzierter Wahrnehmung mit dem Auge, d. h., Einzelheiten festzustellen. Diese Fähigkeit ist für das Lernen von Ziffern und Buchstaben sehr wichtig, denn auch sie unterscheiden sich ja nur durch Einzelheiten. Bis zum Alter von 4 oder 5 Jahren läßt das Kind ziellos seinen Blick über das Ganze eines Bildes schweifen. Oder aber es ist fasziniert von einem interessanten oder auffallenden Teil des Bildes. Der Blick bleibt dann daran hängen, während der Rest der Figur oder des Motivs ignoriert wird. Spätestens bis zum Schuleintritt soll ein Kind in der Lage sein, mehrere wichtige Teile eines Bildfeldes gleichermaßen wahrzunehmen und miteinander zu vergleichen (Abb. 14).

Abb. 14

Wie kann gefördert werden?

Entwicklungsalter: ab 3 1/2 Jahre

Zur Förderung der optischen Differenzierung gehört alles, was zu genauer Beobachtung anregt. Das kann schon durch kleine Hinweise beim Spaziergang geschehen oder durch das beliebte Spiel „Ich sehe was, was du nicht siehst".

Kleine Suchspiele in Bilderbüchern machen Spaß und schulen die Beobachtung von Bildeinzelheiten. Es werden dabei kleine, versteckte Dinge, Blumen oder Tiere, gesucht. Selbstverständlich wechseln dabei die Rollen desjenigen, der etwas suchen muß.

Mit ausrangierten Textbilderbüchern wird dieses Spiel erweitert, indem dem älteren Kind, ab 5 1/2 Jahren, z. B. das Wort „Michael" gezeigt wird und es nun im ganzen Bilderbuch dieses Wort heraussuchen und ankreuzen soll.

Auch können Zahlen oder Buchstaben in einer Reihe gemalt werden. Irgendwo erfährt die Gleichmäßigkeit eine kleine Änderung, die das Kind herausfinden soll. Beispiele:

| E E F E | B P B B | 3 3 8 3 | 6 6 9 6 |

In den Vorschul-Arbeitsmappen wird diese Übung als Vorbereitung für den Schulunterricht aufgegriffen, z. B. sollen vier abgebildete Dinge verglichen werden. Drei davon sehen gleich aus. Das anders aussehende Bild soll herausgefunden und durchgestrichen werden.

Material:

Bezeichnung	Beschreibung	Hersteller
Kindergartenspiel	Ein Spiel für Erkennungsübungen mit automatischer Richtigkeitskontrolle. Neben der Schulung der Einzelheitserfassung auch Übungen zur Oberbegriffszuordnung.	Heinevetter
Differix	Legespiel. Die Tafeln zeigen 9mal fast das gleiche Bild. Erst beim genauen Hinschauen erkennt das Kind die geringen Unterschiede.	Otto Maier
Schau genau	Legespiel, ebenfalls zur Schulung der Detailerfassung.	Otto Maier
Was fehlt? (Apfel-Motiv)	Das erste Bild ist vollständig, bei den folgenden fehlt jeweils ein Teil. Die gleichen Bilder sind auf den Deckplatten, die nach richtigem Erkennen auf der Grundplatte (Material Holz) zugeordnet werden müssen.	Mertens Kunst
Was fehlt? (Haus-Motiv)	Beschreibung: vergleiche oben.	Mertens Kunst
Was fehlt? (Hahn-Motiv)	Beschreibung: vergleiche oben.	Mertens Kunst
Was fehlt? (Lokomotive-Motiv)	Beschreibung: vergleiche oben.	Mertens Kunst
Strandball	Eine Grundplatte mit 12 Bildern zum Auflegen. Die Position des Mädchens und des Vogels ändert sich und soll richtig erkannt und mit dem entsprechenden Kärtchen aufgelegt werden.	Vermande Zaalberg

Bezeichnung	Beschreibung	Hersteller
Simile Serie	Ein Spiel bestehend aus 24 Bildtafeln und 72 Bildkarten. Beim Auflegen müssen viele Details beachtet werden. Die Kinder lernen, Bilder genau zu betrachten, einzelne Merkmale bewußt zu erfassen, zu unterscheiden und wiederzuerkennen.	Jugend und Volk
Ich sehe was	Erkennungs- und Unterscheidungsübungen. Eine kleine Ausgabe des Kindergartenspiels. 12 große Plättchen und insgesamt 96 Spielaufgaben.	Heinevetter
Mini-Lük-Kontrollgerät, dazu Arbeitshefte Mini-Lük für Vorschulkinder 1, 2, 3, 4	Mit diesem leicht zu handhabenden Arbeitsgerät können Vorschulkinder die Aufgaben der angebotenen Arbeitshefte selbst kontrollieren. Das Kontrollgerät besteht aus 12 numerierten Plättchen in einem Etui aus Plastik.	Vogel
Sehen — Hören — Sprechen 1	Diese Spiel- und Arbeitsmappe bietet interessante Aufgaben zur Vorbereitung des Lesens.	Otto Maier
Sachen suchen	Ein Spielbuch. Menschen werden in der Stadt, auf dem Markt, im Lebensmittelgeschäft oder im Warenhaus beobachtet.	Otto Maier
Reihe: Junior Spiel- und Spaß-Hefte „Ich schau genau"	Vielfältige Spielübungen zum genauen Hinschauen	Otto Maier

1. 12. Logisches Denken

Logisches Denken ist eine Fähigkeit, die sich sehr langsam entwickelt. Es geht zunächst darum, daß Ordnungsprinzipien und Gesetze erkannt werden und dann die richtige Schlußfolgerung gezogen wird. Erste Anfänge dieser Funktion wurden schon bei den Sortierübungen geschult und differenzieren sich mehr und mehr, je nach Intelligenz des Menschen.

Wie kann gefördert werden?

Entwicklungsalter: ab 4 Jahre

Sie nehmen mehrere rote und blaue Knöpfe und legen diese vor das Kind in folgender Ordnung: ein blauer Knopf, ein roter Knopf, ein blauer Knopf, ein roter Knopf usw. Fordern Sie das Kind auf, die Reihe weiter fortzusetzen.
Dieses Spiel kann statt mit Farben auch mit verschiedenen Gegenständen durchgeführt werden: z. B. Apfel, Banane, Apfel, Banane.

Später kann eine Dreierordnung nachgelegt werden: Kastanie, Streichholz, Stein. Oder nehmen Sie ein großes Stück Papier und zeichnen Sie am Rand ein Muster, z. B.:

△ □ △ □ △ □

△ ○ □ △ ○ □ △ ○ □

// △ = ○ // △ = ○ // △ = ○

Das Kind soll das Muster weitermalen und dabei den Wechsel der Zeichen genau einhalten. Diese Übung kann ab 5 Jahren erschwert werden, wenn das Muster auf vier bis fünf Zeichen erweitert wird.

Das Ordnen mehrerer Bilder, die einen bestimmten Handlungsablauf darstellen, schult ebenfalls die Fähigkeit des logischen Denkens.

Material:

Bezeichnung	Beschreibung	Hersteller
Wir legen Geschichten	Der Reiz des Spieles besteht darin, daß das Kind die Bildgeschichten mit Bildkärtchen selbst legen, logisch im Ablauf ordnen oder selbst eine Geschichte erfinden kann.	Finken
FAFOME Farben, Formen, Mengen	Denk- und Legespiel mit 48 Figuren aus Vollplastik und 12 Bildkärtchen. Ein großer Spielanreiz geht von den farbenfrohen und handlichen Formen aus.	Finken
Denk- und Spielbuch Band A und Band B	Es werden verschiedene Lernbereiche durch Bilder und Malaufgaben angesprochen.	Finken
Lern-Spiel-Bücher Wie kleine Kinder denken lernen Heft 3/1, 3/2, 3/3	Ein Spielbuch mit vielen Aufgaben, die das logische Denken fördern.	Hyperion

1. 13. Optische Schulreife

Bis zur Einschulung sind gewisse Fähigkeiten notwendig, über die ein Kind verfügen sollte. Wurden bisher einzelne Funktionen gesondert gefördert, so fordern die Vorschularbeitsmappen über die optische Wahrnehmung den ganzen Bereich der kindlichen Intelligenz an. Sie bündeln gleichsam alles, was bislang noch mehr oder weniger isoliert gesehen wurde.

So werden logisches und konstruktives Denken, optische Differenzierung, Mengenauffassung und rechnerisches Denken sowie Konzentration, Aufmerksamkeit und Ausdauer geschult. Der Sinn dieser Arbeitsblätter und Materialien liegt vor allem darin, daß sie bei richtiger Verwendung einen natürlichen Übergang bilden vom Denken anhand konkreter Dinge zum abstrakten Denken und zu theoretischer Aufgabenlösung.

Wie kann gefördert werden?

Entwicklungsalter: ab 5 Jahre

Zu fast jeder Arbeitsmappe oder jedem Arbeitsheft gibt es eine Begleitschrift. Darin sind genaue Anweisungen und Vorschläge für die einzelnen Materialien nachzulesen.

Wichtig bei den Arbeitsblättern ist, daß Sie zunächst die Aufgaben mit Ihrem Kind zusammen ausführen sollten. Schauen Sie sich das Blatt gemeinsam an, und erklären Sie dann in kleinen, dem Kind verständlichen Schritten die gestellten Fragen.

Suchen Sie am Anfang einfache Aufgaben heraus, von denen Sie annehmen, daß Ihr Kind diese bewältigt. Beachten Sie dabei auch die Wünsche Ihres Kindes.

Erklären Sie anschaulich und mit vielen Beispielen alles, was es wissen möchte. Beziehen Sie die Anregungen der Arbeitsmappen mit in den Familienalltag hinein. Zeigen Sie Ihrem Kind, wo die Dinge real vorkommen, die auf den Arbeitsblättern abgebildet und bisher unbekannt sind. Beschreiben Sie, was man damit tun kann und wo sie zu finden sind.

Ergänzen Sie die Aufgaben mit den Ideen, die das Kind einbringt. Vielleicht möchte es Bilder ausschneiden oder ausmalen, Geschichten erzählen oder nachspielen. Wichtig bei allem Lernen und Spielen ist immer das Lob und die Freude daran.

Es kommt nicht auf das Durcharbeiten vieler Mappen und Programme an, sondern es soll spielerische Hinführung zur Aufgabenlösung sein, wie sie in der Schule gefordert wird, und sollte dem Kind Freude bereiten.

Material:

Bezeichnung	Beschreibung	Hersteller
v. A. Anderson Wie kleine Kinder denken lernen.	Ein Spiel- und Beschäftigungsbuch.	Hyperion
Arbeitsheft 3/1 Arbeitsheft 3/2 Arbeitsheft 3/3	Geeignet als Förderungsmaterial auch schon ab 4 Jahren	Hyperion
Arbeitsheft 5/1 Arbeitsheft 5/2 Arbeitsheft 5/3	Geeignet ab 5 Jahren.	Hyperion
Denk- und Spielbuch A	Die systematisch aufbauenden Bände bieten zu jedem Lernschritt ein Erzählbild und eine Malaufgabe.	Finken
Lern- und Spielbuch B	Die systematisch aufbauenden Bände bieten zu jedem Lernschritt ein Erzählbild und eine Malaufgabe.	Finken
Bildermappe für Vorschulkinder Mappe 1 und 2, dazu ein Handbuch	Jede Bildermappe fordert das Kind in seinen sprachlichen Fähigkeiten, im Wahrnehmungsbereich, Denkvermögen und überlegtem Handeln.	Finken
Mini-LÜK-Arbeitsgerät	Mit diesem leicht zu handhabenden Arbeitsgerät können Vorschulkinder die Aufgaben der angebotenen Arbeitshefte selbst kontrollieren. 12 numerierte Plättchen in einem Etui aus Plastik.	Heinz Vogel
Übungen für Vorschulkinder I - IV	Arbeitshefte zum Mini-LÜK-Gerät	Heinz Vogel
Sehen - Hören - Sprechen 1 und 2	Unter diesem Thema sind 2 Arbeitsmappen und ein ergänzendes Begleitheft erschienen. Auf den farbigen Bildbögen jeder Mappe sind Spiele und Aufgaben für Vorschulkinder zusammengestellt.	Otto Maier
Mal die Ente an v. W. Seyd	Arbeitsmappe mit 30 Arbeitsblättern. Verschiedene Ausmalmotive zum Verständnis von Form, Farbe, Menge, Erweiterung des Wortschatzes und Erlernung sprachlicher Formulierungen.	Neckar Verlag
Spiel und Spaß für Rätsel-Zwerge	Auf spielerische Weise werden u. a. Wahrnehmung und logisches Denken gefördert.	Otto Maier

2. Förderung in der Sprache und im Wortverständnis

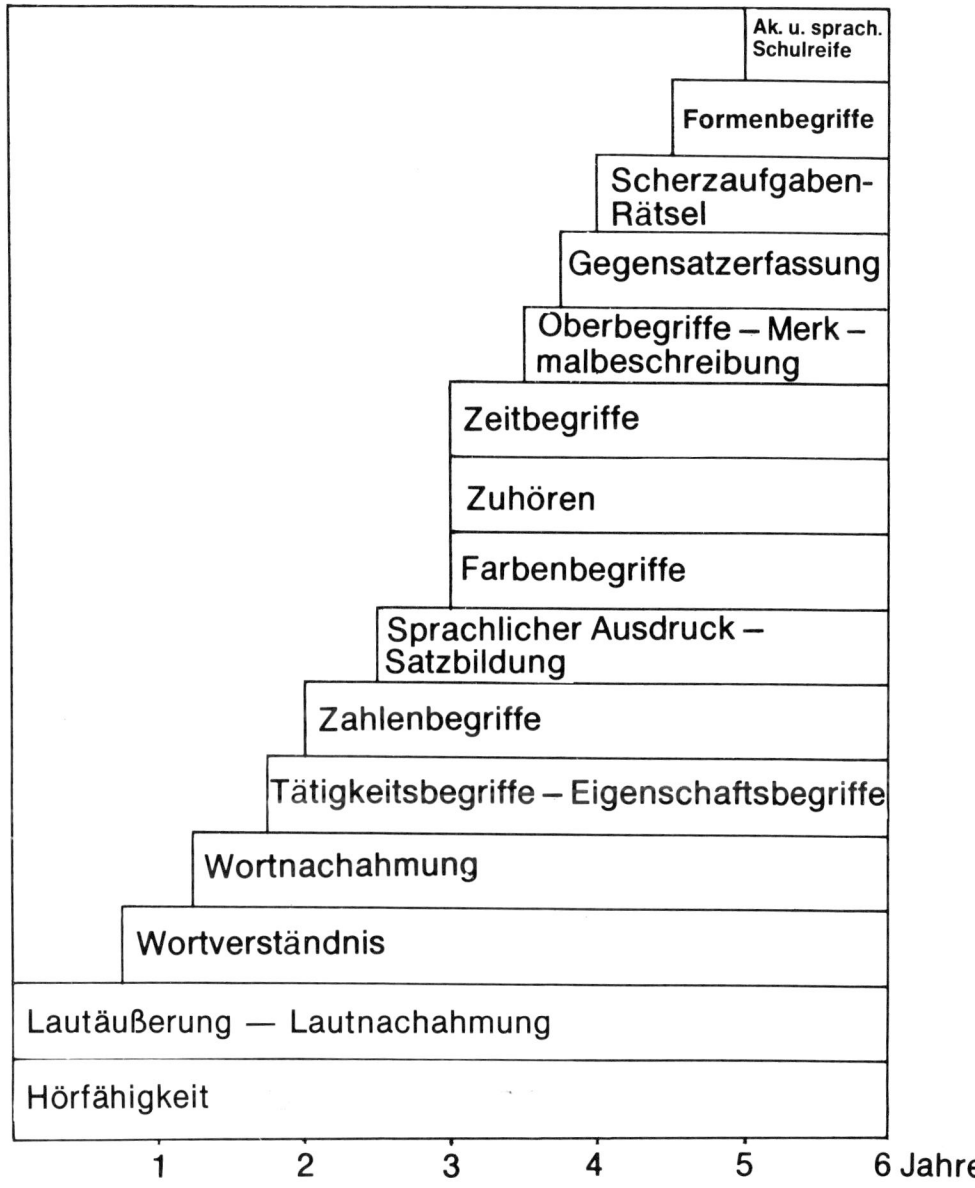

						Ak. u. sprach. Schulreife
						Formenbegriffe
					Scherzaufgaben-Rätsel	
					Gegensatzerfassung	
				Oberbegriffe – Merk – malbeschreibung		
			Zeitbegriffe			
			Zuhören			
			Farbenbegriffe			
		Sprachlicher Ausdruck – Satzbildung				
		Zahlenbegriffe				
	Tätigkeitsbegriffe – Eigenschaftsbegriffe					
	Wortnachahmung					
Wortverständnis						
Lautäußerung — Lautnachahmung						
Hörfähigkeit						

1   2   3   4   5   6 Jahre

2. 1. Hörfähigkeit

Das Baby kann zunächst nur hören, ohne den Sinn des Gehörten zu verstehen. So war es auch beim Sehen. Hier bildet das Festhalten von beweglichen oder unbeweglichen Objekten die Vorstufe zur optischen Wahrnehmung im Sinne des Erkennens und Verstehens.

Schon am Anfang seines Lebens lauscht das Baby auf die verschiedensten Geräusche in seiner Umgebung. Es will ergründen, wo sie denn eigentlich herkom-

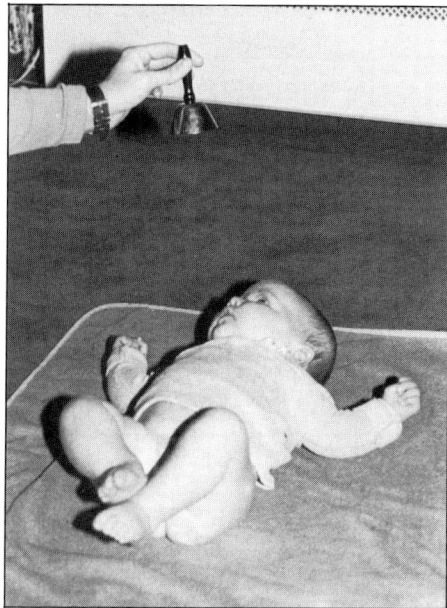
Abb. 16

men. Welche Beziehung besteht zwischen dem Geräusch, dem Ton, dem Laut und der Sache oder Person, von der sie ausgehen? Um diese Frage sich selbst zu beantworten, muß das Baby genau die Richtung feststellen können, aus welcher der Laut kommt. Dazu muß es seinen Kopf schnell genug drehen, um mit den Augen die Geräuschquelle ausfindig zu machen (Abb. 16).

Abb. 17

In den ersten drei Monaten findet bei dem Baby zunächst nur ein reflexartiges Hören statt. Erst danach setzt langsam das sinnerfassende Hören ein. Das Hörverständnis ist nicht nur zur Sprachbildung wichtig (ohne Hören ist kein Sprechen möglich), sondern für die gesamte geistig-seelische, körperliche und soziale Entwicklung.

Wie kann gefördert werden?

Entwicklungsalter: ab Geburt

So, wie das Kind erst sehen lernen muß und es lange dauert, bis der weitäugige Sehvorgang voll funktionsfähig ist, so muß auch das Gehör ganz bewußt geübt und gefördert werden: Wenn Sie an das Bettchen des Babys herantreten, sprechen Sie es an. Suchen Sie seinen Blick und versuchen Sie ihn festzuhalten.

Sprechen Sie mit Ihrem Kind, auch wenn es Ihre Worte noch nicht versteht. Singen Sie ihm häufig etwas vor. Hin und wieder sollten Sie einmal nur flüstern und die Lieder nur leise summen.

Bieten Sie Ihrem Kind Rasseln mit verschiedenen Klangfarben an, damit es auf die Unterschiede aufmerksam wird. Rascheln Sie seitlich oder hinter dem Köpfchen Ihres Kindes mit Papier.

Lauschen Sie gemeinsam dem Klang einer Spieluhr (Abb. 17). Lassen Sie es das Ticken einer Uhr ganz nahe am Ohr hören. Japanische Windglocken (kleine Rechtecke aus Glas), die einen sanften Klang erzeugen, wenn ein Luftzug darauf trifft, sollten in der Nähe des Fensters oder der Tür aufgehängt werden.

Material:

Bezeichnung	Beschreibung	Hersteller
Glockenrassel	Rasseln in verschiedenen Ausführungen.	Kiddicraft
Stielrassel		Kiddicraft
Nickirassel		Kiddicraft
Active Baby	4 Spielteile, jedes erzeugt ein Geräusch, wie Pfeifen, Rassel oder Quiektöne.	Kiddicraft
Mobile-Klangspiel	Holzstäbe, die durch Luftbewegung gegeneinanderschlagen und einen Ton erzeugen.	Meistergilde
Musik-Till	Ein musikalischer Eulenspiegel, der beim Drehen ein Lied singt.	Steinbach
Rasselbüchsen, Musikkreisel, Tischglocke, Spieluhren	mit je einem anderen Klang.	Staneker
Japanische Windglocken	Mehrere kleine Rechtecke aus Glas, die durch Luftbewegung aneinanderschlagen und klingen.	Versch. Hersteller

Bezeichnung	Beschreibung	Hersteller
Sonnen-Spieldose	Etwas Leises, Weiches und Zartes zum Lauschen. Kann an einer Spielstange befestigt werden.	Fischer
Kaleidoskop-Blume	Eine Blume aus Kunststoff, die an einer Spielstange angebracht werden kann. Durch Berührung dreht sie sich, klappert und bildet immer neue Muster.	Fischer
Karussell	Etwas, das schaukelt, rollt, klingelt und die Neugierde weckt.	Fischer
Rasselstab	Kleines Holzspielzeug für die Hand, das durch Bewegung Perlen im Stab zum Rasseln bringt.	Fischer

2. 2. Lautäußerung – Lautnachahmung

Die Sprache ist in allen Bereichen menschlichen Lebens das wichtigste Verständigungsmittel zur Umwelt. Vom ersten Tage an äußert sich das Baby durch Schreien und Gefühlslaute. Beim Schreien werden die Grundleistungen der Atmung und Stimmgebung vorgeübt. Beim Saugen wird außerdem die Mund- und Zungenmuskulatur trainiert. Diese vom Zentralnervensystem gelenkten Saug-, Schluck- und Atemreflexe sind die wichtigste motorische Grundlage zur Entwicklung der Sprache.

Obwohl diese ersten Lautäußerungen des Säuglings noch keine Sprache sind, wird jede Mutter sehr bald die gefühlsmäßige Bedeutung des Schreiens verstehen. Sie wird zu deuten wissen, was das Baby damit seiner Umwelt sagen will. Sei es, daß ihm etwas fehlt, daß es Hunger oder Schmerzen hat.

Im 3. und 4. Lebensmonat bestehen diese Lautäußerungen zumeist aus Kehllauten (grrh, öh, eko). Zwischen dem 5. und 7. Monat beginnt das Kind zu „plaudern" oder zu „erzählen".

In der folgenden Zeit werden die einzelnen Silben verdoppelt. Auch werden Laute, die es öfter hört, nachgeahmt. Es wiederholt sie endlos und hat Spaß an seinen eigenen Lautproduktionen wie „ma-ma, da-da". Allmählich lernt das Kind, mit diesen Silben einen Sinn zu verbinden. Der erste wesentliche Schritt zum Sprechen ist getan. So könnte man das erste Lebensjahr als Vorbereitung zum Spracherwerb bezeichnen.

Wie kann gefördert werden?

Entwicklungsalter: ab Geburt

Schon vom ersten Lebenstage an sollten die Eltern sich mit ihrem Kind unterhalten, auch wenn es noch nicht sprechen kann. Das Baby braucht diesen sprachlichen Kontakt, und dieses Zwiegespräch macht ihm großen Spaß (Abb. 15). Das Sich-Mitteilen als Austausch von Zärtlichkeiten und Gefühlen weckt die Freude an der gegenseitigen Verständigung. Sie ist eine wichtige Voraussetzung für die spätere Lust am Sprechen.

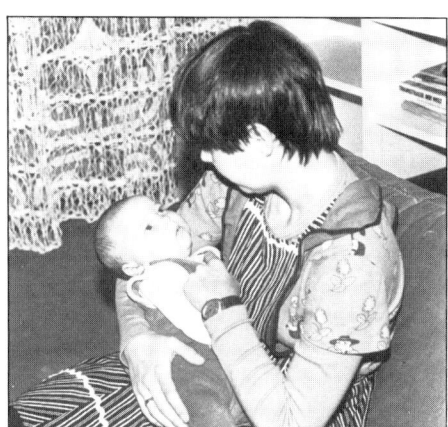

Abb. 15

Es ist zunächst gleichgültig, worüber Sie sprechen. Das Baby soll nur die Stimme der Mutter oder einer anderen nahen Bezugsperson hören. Dieser Stimmkontakt regt es an und bereitet es auf das Sprechenlernen vor.

Wenn das Lall-Alter beginnt, variiert das Baby spielerisch mit den hervorgebrachten Lauten und Tönen. Anfangs ist es erstaunt, daß es selbst die Laute hervorbringen kann. Hat es dieses begriffen, so will es die neue Fertigkeit immer wieder ausprobieren. Dadurch, daß die Lallproduktionen des Kindes gleich von den Eltern aufgenommen und herzlich erwidert werden, erlebt es eine erneute Freude und wird angeregt, in „seiner Sprache" fortzufahren. Diese Lall-Antworten sollten jedoch nicht zu lange beibehalten werden, sondern nur zu Beginn des Lall-Alters geschehen, da hier Worte noch eine Überforderung darstellen. Grundsätzlich soll der Erwachsene vom ersten Tage an deutlich, in knappen Sätzen und in immer gleicher sprachlicher Formulierung mit dem Kind sprechen. Dabei ist der Gefühlsgehalt anfangs wichtiger als der Wortsinn.

Zur Förderung der Silbennachahmung gehen Sie so vor, daß Sie die vom Kind gebrachten Silben aufgreifen und in einen Sinn einmünden lassen, z. B. „ba-ba-ba, ja, wo ist er denn, der Ball".

2. 3. Wortverständnis

Die Augen leiten mehr und mehr das Gehör: „Aha, das ist Mamas Stimme!" oder „Wenn ich Schrittgeräusche höre, wird gleich jemand bei mir erscheinen". Das alles geschieht noch ohne Kenntnis von Worten. Aber noch ehe der Säugling das 1. Lebensjahr vollendet hat, wird er zumindest eine Wortbedeutung erlernt haben. Er wird beispielsweise verstehen, daß mit dem Wort „Mama" eben nur seine Mama und niemand sonst gemeint ist. Voraussetzung ist die optisch vollzogene Unterscheidung zwischen der eigenen Mama und anderen Menschen. Auch hier stellen wir fest, daß alle Bereiche der kindlichen Entwicklung ineinander übergehen.

Wie kann gefördert werden?

Entwicklungsalter: ab 9 Monate

Sprechen Sie in kurzen, klaren Sätzen. Versuchen Sie, die einzelnen Worte so deutlich wie möglich auszusprechen, damit Ihr Kind bei Ihnen sieht, wie Sie die Worte mit den Lippen formen. Sprechen Sie ihm Kinderreime vor, dramatisieren Sie den Inhalt, untermalen Sie ruhig alles mit übertriebener Mimik und Gestik.

Bevor ein Baby ein Wort nachspricht, muß es dieses viele Male gehört haben. Es versucht dann, seine eigene Lautproduktion an das Gehörte anzugleichen. Das Ergebnis hört sich zunächst meist anders an und wird als „Babysprache" bezeichnet. Sie entspricht voll und ganz dem noch relativ geringen Leistungsvermögen der Sprechmuskeln. Sprechen Sie Ihrem Kind immer die richtigen Worte vor.

Anfangs mag es nötig sein, einzelne Worte der „Babysprache" aufzugreifen, damit das Kind seine eigenen Laut- und Wortgebilde wiedererkennt, sich darüber freut und zu neuem „Sprechen" angeregt wird. Hat es offensichtlich Spaß am Produzieren von Worten, sollten Sie die „Erwachsenensprache" gebrauchen, damit es vergleichen und dadurch seine Aussprache mit der Zeit verbessern kann. Nie sollten Sie das Kind beim Sprechen kritisieren oder korrigieren. Antworten Sie statt dessen mit einem Satz, in dem das vom Kind noch falsch gebildete Wort richtig ausgesprochen wird. Z. B. das Kind sagt „Mi-Mi" statt Milch. Es könnte dann geantwortet werden: „Möchtest du Milch?"

2. 4. Wortnachahmung

Aus den Laut- und Silbenkombinationen werden allmählich richtige Wörter. Über die Stufe des selbstnachahmenden Lallens kommt es zur Fremdnachahmung. Die ersten Worte, die ein Kind am Ende des ersten Lebensjahres nachspricht, brauchen für das Kind keineswegs immer eine Bedeutung zu haben. Es versteht ihren Sinn anfangs meist noch nicht. Es ahmt einfach Worte nach, die es gehört hat.

Lange, bevor ein Kind selbst sprechen kann oder gar bestimmte Dinge beim richtigen Namen nennt, lernt es auch schon, oft gehörte Wörter mit bestimmten Dingen und Sachverhalten zu verbinden. Es versteht z. B. seinen Namen oder freut sich, wenn es heißt: „Jetzt fahren wir spazieren." Nun begreift das Kind auch, daß Dinge und Worte zusammengehören. D. h., es ist in der Lage, sich an Worte zu erinnern. Wenn es mit einem Ball spielen möchte, so ruft es „Ba-ba".

Wie kann gefördert werden?

Entwicklungsalter: ab 15 Monate

Benennen Sie immer den Gegenstand, der im Augenblick das Interesse des Kindes am meisten erweckt. Die Gegenstände, die benannt werden, müssen dem Kind bekannt und völlig vertraut sein. Oft sind die ersten Worte Namen von Familienangehörigen (Mama, Papa, Oma, Opa), Bezeichnungen für Spielsachen (Ball, Auto, Puppe, Teddy) oder Teile des Körpers (Nase, Mund, Ohren, Augen). Auch helfen jetzt die ersten Bilderbücher, den Wortschatz zu erweitern.

Wenn Sie ein neues Wort üben, gehen Sie am besten so vor: Sie zeigen dem Kind einen Gegenstand und nennen gleichzeitig das Wort. Später sagen Sie den Namen des Gegenstandes und lassen diesen dann zeigen oder aus mehreren anderen Dingen heraussuchen. Wieder später zeigen Sie einen Gegenstand und lassen das betreffende Wort nennen (Abb. 18). Diese Art Spiele machen Kindern Freude. Bald benennen sie von selbst Gegenstände oder zeigen darauf und wollen den Namen wissen.

Abb. 18

Hat die Nachahmungsphase einmal begonnen, wird das Kind alle möglichen Wörter nachzuahmen versuchen, die es hört. Bald findet es auch Spaß daran, ungewohnte oder schwierige Bezeichnungen nachzusprechen. Manchen Kindern bereitet es sichtlich Freude, dabei die Silben eines Wortes zu vertauschen oder einen falschen Vokal zu benutzen.

Material: Siehe bei Kapitel 1.3. Bilderkennung, Seite 17.

2. 5. Tätigkeitsbegriffe – Eigenschaftsbegriffe

Das Kind nimmt am Leben und Treiben in der Familie teil. Wenn die Eltern beschäftigt sind, beschreiben Sie, was Sie tun, während das Kind zuschaut. Viele neue Worte werden so im Laufe der Zeit in den Sprachschatz aufgenommen, ohne daß zunächst eine richtige Einordnung geschieht. Deshalb ist es immer wieder notwendig, Wortarten wie Eigenschafts- oder Tätigkeitswörter dem Kinde erlebnismäßig bewußt zu machen.

Wie kann gefördert werden?

Entwicklungsalter: ab 22 Monate

Lassen Sie das Kind Eigenschaften von verschiedenen Dingen erfahren, z. B.: Das Kind hält die Hand unter kaltes Wasser, anschließend läßt die Mutter über die Hand heißes (gut warmes) Wasser laufen. Es wird ein nasses Handtuch befühlt, nach der Wäsche wird der trockene Pullover oder das trockene Hemd angefaßt.
Desgleichen können Begriffe wie
süß – sauer,
dick – dünn,
kurz – lang erarbeitet werden.

Mit etwa 4 Jahren ist das Kind in der Lage, sich zu erinnern, wie es die verschiedenen Objekte schon gesehen hat. Sie könnten fragen: „Wie hast du den Himmel schon gesehen?" Manchmal ist er blau, manchmal ist er wolkig. Nun können Sie den Himmel eine Reihe von Tagen beobachten und die betreffenden Bezeichnungen finden.

Oder Sie schauen Blumen an! Die Blume kann blau, welk, frisch oder bunt sein. Auf diese Weise können Sie den Wortschatz Ihres Kindes erweitern.

Abb. 19

48

Tätigkeiten benennen:
Auch hier kann ähnlich vorgegangen werden. Sie beobachten auf Spaziergängen Tätigkeiten, indem Sie mit dem Kind stehenbleiben, wo es etwas zu sehen gibt, und erzählen, was dort geschieht. An der Tankstelle hält das Auto, der Fahrer steigt aus dem Auto, füllt Benzin in den Tank, bezahlt das Benzin, fährt wieder ab.
Oder:
Was tut die Mutter? Was tut der Vater? Was macht Markus?
Durch solche Fragen ermuntern Sie Ihr Kind, das richtige Wort für die entsprechende Tätigkeit zu finden. Wichtig ist, daß es dann die Tätigkeit, wenn möglich, auch selbst praktisch ausführen kann. Die Mutter putzt die Wohnung, und Sandra putzt ebenfalls. Der Vater wäscht sich die Hände, und Markus wäscht sich auch die Hände. Es können auch Bilderbücher gemeinsam betrachtet werden. Dabei sucht das Kind alle Bilder, auf denen Tätigkeiten abgebildet sind, und benennt sie (Abb. 19). Hierzu eignet sich besonders gut die Lern-Spiel-Serie „Wie kleine Kinder denken lernen".

Material:

Bezeichnung	Beschreibung	Hersteller
Lern-Spiel-Bücher Wie kleine Kinder denken lernen Heft 1/1, 1/2, 1/3	Auf 28 Seiten farbige Bilder aus der Umwelt des Kindes (Familie, Kind). Band 2 und 3 erschließen den weiteren Umkreis (Stadt, Kindergarten).	Hyperion
Kölner Sprachlernspiele	360 Bild- und Schriftkarten ermöglichen die Erarbeitung von Haupt-, Eigenschafts-, Zeitworten u.a.	G. Holdau
Kreuz und Quer Serie 1 Serie 2	Eine Spielserie mit vielen Spielvarianten. Sie dient u.a. auch der Zuordnung von Vorgängen und Eigenschaften.	Sellier
Grammatische Spiele	Anleitung zum richtigen Gebrauch von Präpositionen, Zeit- und Eigenschaftsworten. 3 Spiele bestehend aus 9 Bildbögen und 72 Deckkarten.	Wehrfritz
v. Eckel Hamburger Bilderserie	143 große Farbtafeln. Einzelbilder mit Darstellungen von Personen, Gegenständen, Tätigkeiten, Eigenschaften und anderen Wörtern. Dazu Schriftkärtchen in Druck- und Schreibschrift.	Druck- und Papierverarbeitungsgesellschaft, Köln
Wir wollen gute Sätze bauen Teil 1 und 2	Das Buch bietet mit seinen einfachen und klaren Darstellungen wertvolle Anregungen zur Sprachförderung und Wortschatzerweiterung, auch im Bereich von Tätigkeits- und Eigenschaftsworten.	Jugend und Volk
Große Tiere, kleine Tiere	Kartenspiel. Es gilt herauszufinden, welche Tiere gleich groß oder größer sind.	Otto Maier

2. 6. Zahlenbegriffe

Manche Kinder lernen zählen, ohne zu wissen, was Zahlen bedeuten. Sie verstehen nicht, was die Zahl „vier" bedeutet, und lernen die Zahlenfolge auswendig, wie andere Verse oder Reime. Bevor das Kind überhaupt zu zählen beginnt, sollte es lernen, daß Zahlen eine Menge von Gegenständen oder Personen bezeichnen. Dies bildet die Grundlage aller Rechenarten wie Zuzählen, Abziehen, Malnehmen und Teilen.

Wie kann gefördert werden?

Entwicklungsalter: ab 2 Jahre

Verwenden Sie zum Zählen etwas Greifbares, Knöpfe, Kastanien, Löffel, Teller und Tassen. Alle Dinge, die gezählt werden, sollten sichtbar ausgebreitet liegen, und beim Zählen sollte jeder Gegenstand angefaßt werden (Abb. 20).

Sagen Sie: „Komm, laß uns die Teller zählen, damit wir sehen, wie viele wir haben: Eins" (fassen Sie den Teller an), „zwei" (berühren Sie den zweiten), usw. Dann sagen Sie zu Ihrem Kind: „Nun zähle du noch einmal!" Anfangs mögen die Ziffern eins bis drei genügen.

Im Alltag bieten sich viele Möglichkeiten zum Zählen. Eigentlich kann alles gezählt werden: die Fenster, die Türen, beim Wäschebügeln die Taschentücher usw. Bleiben Sie immer in dem Zahlenbereich, der für Ihr Kind optisch überschaubar ist.

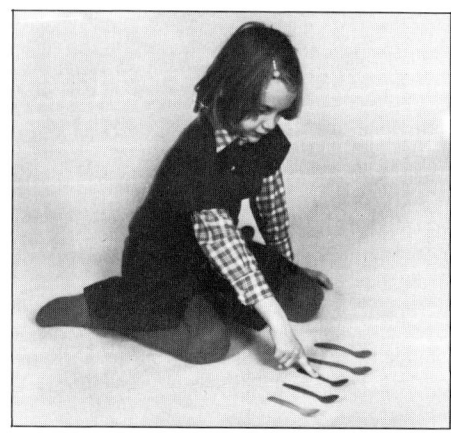

Abb. 20

Material:

Bezeichnung	Beschreibung	Hersteller
Rädchenspiel	Buchholzleiste mit 4 Rundstäben in den Grundfarben. Dazu gleichfarbige Scheiben und je ein Augen- und Mengenwürfel. Für Farb- und Mengentraining.	Selecta
Zahlen-Domino	Domino-Täfelchen, die auf einer Hälfte die Zahlen 1 - 9 tragen, auf der anderen Abbildungen von Früchten, Tieren usw.	Otto Maier

50

Bezeichnung	Beschreibung	Hersteller
Erstes Rechnen	Auf den sechs Legetafeln dieses Lottos findet das Kind Abbildungen von Gegenständen und Tieren in verschiedenen Mengen. Einführung in den Zahlenraum von 1 - 10.	Otto Maier
Mengenquartett	Quartettspiel zum Erfassen der Menge 1 - 4. Das Spiel ist in einem Holzkasten mit Schiebedeckel.	Staneker
Mengenuhr	Spiel in einem Holzkasten. Spielend lernt das Kind den Begriff der Menge nach der Mengenuhr mit aufgeschraubtem Drehzeiger. Zu dem Spiel gehören ca. 120 buntpolierte Perlen in 4 Farben und Fädelschnüre.	Staneker
Apfelbaumspiel	Holztablett mit einem aufgemalten Apfelbaum. Ca. 65 rote 'Äpfel' werden in kleine Löcher gesteckt.	Staneker

Zahlenbilderbücher

Bezeichnung	Beschreibung	Hersteller
v. Dick Bruna Ich kann zählen	Zahlenraum 1 - 12 Zuerst zählt man eine Kerze, drei Äpfel usw.	Otto Maier
v. Dick Bruna Ich kann weiter zählen	Später zählt man Regentropfen, rote Blüten, grüne Blätter. Damit man sich nicht verzählt, steht die Zahl daneben.	Otto Maier
v. Eric Carle Gute Reise bunter Hahn	Fünfzehn Tiere, Katzen, Frösche, Fische kann man benennen oder zählen. Die Tiere wollen dem bunten Hahn folgen in die weite Welt.	Stalling
v. Susanne Gretz Zähl die Teddybären	Es lohnt sich, nicht nur die Teddybären zu zählen, sonern auch die lustigen Gesichter zu betrachten.	Union
v. Edith Witt Zähl mit mir	Jedes Blatt bringt eine kleine Geschichte. Der Text sagt, was man an ihr bemerken und zählen soll.	Boje
von Karoly Reich Das goldene 1 x 1	Ganz ohne Text, doch bildlich kann auf vier verschiedene Arten bis 10 gezählt werden.	Hoch
v. Eric Carle 1, 2, 3 ein Zug zum Zoo	Ein Zug voller Tiere fährt zum Zoo. Der gedruckten Zahl steht jeweils die entsprechende Zahl von Tieren gegenüber.	Stalling
Ich zähle bis 4	Auf 4 doppelseitig bedruckten farbigen Spieleinlagen werden 12 gezackte Plättchen aufgelegt. Das Spiel bietet verschiedene Schwierigkeitsstufen im Zahlenraum von 1—4. Nur wenn richtig aufgelegt wird, passen die Zacken der Plättchen ineinander.	Heinevetter
Zehn Finger hab ich v. R. und M. Rettich	Ein Bilderbuch der Zahlen von 1—10 mit Illustrationen, Versen und Geschichten.	Otto Maier

2. 7. Sprachlicher Ausdruck – Satzbildung

Kinder sprechen zunächst noch ohne Satzbau. Die ersten „Sätze" enthalten nur ein Wort, ein Hauptwort oder Tätigkeitswort, das einen vollständigen Gedanken ausdrückt. Das Kind zeigt auf ein Spielzeug und sagt: „Haben!" Dieses soll heißen: „Ich möchte das Spielzeug haben!"

Etwa um das zweite Lebensjahr werden zwei Wörter zu einem Satz verbunden, z. B. „Bonbon haben" oder „Tina trinken". Oft werden die Worte dabei noch undeutlich ausgesprochen. Bald nach Auftreten des Zweiwortsatzes werden mehrere Worte zu kurzen Sätzen verbunden, die außer Haupt- und Tätigkeitswörtern auch schon Eigenschafts- und Umstandswörter enthalten („Papa geht arbeiten", „Andrea nicht müde").

Bis zum Alter von 4 Jahren machen kleine Kinder, selbst wenn sie hinsichtlich der Sprache gute Vorbilder im Elternhaus haben, noch viele grammatikalische Fehler.

Der Gebrauch von einfachen Sätzen, von erweiterten Sätzen und Satzgefügen nimmt zwischen 4 und 6 Jahren deutlich zu. In diese Zeit fällt auch das Erlernen der Bildungsform von Einzahl und Mehrzahl oder das Erlernen des Artikels.

Wichtig bei aller Sprachpflege und Sprachförderung ist, die Freude am Sprechen zu wecken und zu erhalten. Sie fördern dadurch die geistige Entwicklung des Kindes wesentlich, denn Sprechen und Denken gehören zusammen.

Die Sprache und damit auch die Größe des Wortschatzes ist sehr wichtig für die soziale und emotionale Entwicklung eines Kindes. Es gewinnt damit die Möglichkeit, sich anderen mitzuteilen. Kinder leiden darunter, wenn sie etwas sagen möchten, es aber nicht können, weil ihnen entweder die Wörter fehlen oder weil sie keine verständlichen Sätze zustande bringen. Für solche Kinder wäre es geradezu entmutigend, wollte man ständig auf grammatikalische Fehler hinweisen. Sie sollten nur sehr, sehr behutsam berichtigt werden.

Wie kann gefördert werden?

Entwicklungsalter: ab 2 1/2 Jahre

Viele Möglichkeiten zum sprachlichen Austausch bieten sich außer im häuslichen Bereich beim Einkaufen, beim Spazierengehen, beim Besuch im Zoo, auf Baustellen, während einer Bahnfahrt oder beim Autowaschen. Hier kann der Wissensdrang des Kindes gestillt und der Lernprozeß durch gleichsames Erleben gefestigt werden.

Haben Bilderbücher das Kleinkind in den ersten Jahren zum Betrachten herausgefordert, so regen sie später zum Sprechen und Erzählen an. Texte von Bilderbüchern, die die Eltern vorlesen, prägen sich besonders rasch ein, wenn sie in Reimform gehalten sind. Dadurch übernimmt das Kind fertige Satzformen, die es in die Spontansprache übertragen kann.

Spiel mit dem Bilderbuch:
Die Mutter beschaut mit ihrem Kind die Bilder und liest die Verse oder kleinen Geschichten vor. Dabei erklärt sie neue Worte. Ist das Bilderbuch dem Kind ver-

traut, erzählt es selbst die Handlung der Bildergeschichte gemäß seinen eigenen Ausdrucksmöglichkeiten. Später kann die Mutter eine bestimmte Abbildung aus dem Buch beschreiben und vom Kind suchen lassen.

Die Sprechfreudigkeit sollte in der Zeit um das dritte und vierte Lebensjahr durch Reim- und Singspiele angeregt werden. Gerade Singen bereitet den Kindern Freude, und die Melodie gibt Gedächtnisstützen zur Festigung sprachlicher Inhalte.

Viele Sprechanregungen kommen von der Kasperpuppe. Wie schnell können Sie dadurch Ihr Kind zu einem Zwiegespräch herausfordern. Wichtig ist ein gutes Vorbild im Sprechen. Das Kind wird dann selbst entdecken, wie die verschiedenen Satz- und Wortformen gebildet werden.

Material:

Bezeichnung	Beschreibung	Hersteller
v. Eric Carle Die kleine Raupe Nimmersatt	Die Raupe macht sich auf einen aufregenden Weg nach Futter.	Stalling
v. Max Velthuijs Der Junge und der Fisch	Ein Junge fängt einen großen bunten Fisch und setzt ihn in die Badewanne. Doch dem Fisch ist nur durch das Geschenk der Freiheit zu helfen.	Otto Maier
v. A. Lamorisse Der rote Luftballon	Die Geschichte einer Freundschaft zwischen dem kleinen Jungen Pascal und seinem Luftballon.	Eugen Diedrichs ´
v. Leo Lionni Das kleine Blau und das kleine Gelb	Ein Bilderbuch in dem sich fantasieren und träumen läßt, mit einprägsamen Versen um ein blaues und ein gelbes Farbtupferkind.	Oetinger
v. Blech/Borchers Bi Be Bo Ba Bu, die Igelkinder	Ein in leuchtenden Farben gemaltes Bilderbuch mit der Geschichte der Igelkinder Bi Be Bo Ba Bu.	Ellermann
v. J. Miller Ich bin das kleine Bärenkind	Verschiedene Situationen des Bärenkindes in seiner Familie und mit seinen Freunden.	Otto Maier
Erzählende Bilderbücher:		
v. Hilde Heyduck Ein Käfer in der Wiese	Ein dichter, hoher Gräserwald voll Abenteuer und Spannung.	Otto Maier
v. Rolf u. Margret Rettich Was ist hier los?	Die Bildgeschichten, heiter, witzig, treffsicher, machen Spaß und verlocken zum Fragen und Erzählen.	Otto Maier
v. Ivor Myrhoj Pinguin Pondus	Ein Fotobilderbuch. Pondus hat nicht nur viele Tierfreunde, auch die Kinder lieben ihn sehr.	Carlsen
v. Ivor Myrhoj Pondus und die kleine Tina	wie oben beschrieben	Carlsen

Bezeichnung	Beschreibung	Hersteller
v. Ivor Myrhoj Pondus und seine Freunde	wie oben beschrieben	Carlsen
v. L. Osbeck Mein Esel Benjamin	Eine erstaunliche Geschichte mit Fotos von Susi und ihrem Esel.	Reich
v. M. Reidel Erzähl mir was!	Bilder und Texte sind reich an Details und bieten Anregungen für den sprachlichen Ausdruck.	Sellier
v. M. Reidel Der bunte Zug	wie oben beschrieben	Sellier

Sachbilderbücher:

Bezeichnung	Beschreibung	Hersteller
v. J. und E. Mari Der Apfel und der Schmetterling	Textlose Bildergeschichten. Es wird die Entwicklung des Apfelwicklers vom Ei bis zum vollausgebildeten Insekt geschildert.	Ellermann
v. J. und E. Mari Die Henne und das Ei	Die Henne legt ein Ei und brütet. Aus dem Ei entwickelt sich ein Küken.	Ellermann
v. Ali Mitgutsch Vom Baum zum Tisch Vom Korn zum Brot Vom Sand zum Glas Vom Schaf zum Schal	Alle Bücher im Kleinformat. Die Texte dieser Reihe beschreiben in einfachen Sätzen einen biologischen oder technischen Entwicklungsprozeß. Die Bilder beschränken sich auf das Wesentliche des beschriebenen Vorgangs.	Sellier
v. Veronika Neubauer-Zacharias Der kleine Tim und die Straße	6 kleine Geschichten von Tim, wie er sich im Straßenverkehr verhält, nämlich meistens falsch. In den Legebildern, die man heraustrennt und zusammenfügt, sieht man, wie Tim sich richtig im Verkehr bewegen soll.	ADAC
v. M. Reidel Vom Laich zum Frosch Vom Nest zum Vogel Von der Raupe zum Schmetterling Vom Eis zum Regen	Farbbilder mit knappem Text stellen einen biologischen Entwicklungsprozeß oder einen Natur vorgang dar. Postkartenformat mit Ringheftung.	Sellier
v. W. de Haen Warum ist das Wetter so?	Wo ist die Sonne in der Nacht? Wo kommt der Regen her, wo bleibt er? Dieses Buch gibt Antworten auf Fragen nach Jahreszeiten und dem Wetter.	Otto Maier
v. W. de Haen So wächst ein Tier, wie wachse ich?	Über das Wachstum von Menschen, Tieren, Pflanzen.	Otto Maier
v. W. de Haen Wie kleine Tiere groß werden	Jede Doppelseite zeigt die Entwicklung eines Tieres.	Otto Maier
Sachgeschichten für Kinder	Dieses Buch greift die Auseinandersetzung des Kindes mit der Umwelt auf.	Schwan

Bezeichnung	Beschreibung	Hersteller
v. H. Heidbüchel Meine Welt in bunten Bildern	In vielen Grafiken und Fotos bringt dieses Buch Sachfragen nahe. Die Motivation zum genauen Hinschauen wird durch kurze provokative Fragen geweckt.	Bagel
v. Ali Mitgutsch Bei uns im Dorf, Rundherum in meiner Stadt, Komm mit ans Wasser	Textfreie Sachbilderbücher auch schon für 3-jährige. Auf großformatigen Doppelseiten werden in sich geschlossene Themeneinheiten vorgestellt (z. B. Bauplatz, Mehrfamilienhaus).	Otto Maier
v. E. Zink — Pingel A. Bannwart Wir gehen in den Wald	Dieses Bilderbuch erzählt von den Pflanzen und Tieren im Wald, von den Jahreszeiten und von den Funktionen des Waldes für uns Menschen. Ohne Wald könnten wir nicht leben.	Betz
v. W. de Haen Bei uns im Garten	Dieses Bilderbuch erzählt vom Jahreslauf in der Natur und vom Leben im Garten, Wachsen, Spielen, Feiern und Erholen.	Otto Maier
v. H. Baumann H. Lentz Ein Brief nach Buxtehunde	Ein Sachbilderbuch, das den Weg eines Briefes auf der Post beschreibt.	Betz
v. W. de Haen Wie ist es auf dem Bauernhof?	Die Bilder erzählen vom Alltag und von Ereignissen auf dem Bauernhof.	Otto Maier

Spiele:

Bezeichnung	Beschreibung	Hersteller
Wörter-Duo	Denkspiel zur Sprachförderung. Aus 2 Bildkarten können neue Wortkombinationen gelegt werden.	Finken
Wir legen Geschichten	4 ganzseitige Vorlagen mit Situationsdarstellungen und weitere Vorlagen mit je 12 Einzelbildern zum Auflegen und Erzählen.	Finken
Koffer packen	Ein lustiges Legespiel. Die Kinder nehmen die Karte aus dem Kasten, zeigen sie, benennen den Gegenstand und legen die Karte verdeckt auf den Tisch. Beim Einpacken des Koffers gilt es, den Gegenstand zu nennen und aus der verdeckten Reihe wiederzufinden.	Otto Maier
Spiel-Geschichten	Ziel eines jeden Spielers ist es, alle fünf Bildkarten einer Geschichte zu finden und diese dann den Mitspielern zu erzählen.	Otto Maier
Rategarten	Durch geschicktes Fragen soll die Karte ermittelt werden, die der Mitspieler gezogen hat. Wer die meisten Bildkarten gesammelt hat, ist Sieger.	Otto Maier

Schallplatten:

Die meisten Kinderschallplatten sind auch als Kassetten für Kassettenrecorder im Fachhandel erhältlich oder können dort bestellt werden.

Bezeichnung	Beschreibung	Hersteller
Post für den Tiger v. Janosch	Der kleine Bär und der kleine Tiger sind dicke Freunde. Am liebsten würden sie sich nie trennen, aber der kleine Bär ist oft draußen am Fluß und fängt Fische. Dann ist der Tiger sehr traurig. Da bittet er den kleinen Bären, ihm einen Brief zu schreiben, damit er sich freuen kann und damit fängt alles an!	Junior
Das Pferd Huppdiwupp	Fritz Muliar erzählt kleine lustige Geschichten. Die Aufnahme wurde live in einer Kindergruppe aufgenommen und die Atmosphäre überträgt sich auf die Zuhörer.	Intercord
Der Hohnsteiner Kasper	Gut gestaltete Kasperspiele mit wenigen Personen in einer übersichtlichen Handlung mit Geräuscheinblendungen. Der Inhalt regt zum konzentrierten Zuhören und zum Nachspielen an.	Fontana
Kasperle ist wieder da!	Hier werden an die kleinen Zuhörer schon größere Anforderungen gestellt, da bis zu 20 Minuten intensiv zugehört werden muß.	Ariola
Frederic	Ein Hörspiel mit Musik und Text nach dem gleichnamigen Buch von Leo Lionni, über die lustige Geschichte von den Mäusen und Frederic.	Schwann
Alexander und die Aufziehmaus	Ein Hörspiel mit Musik und Text. Die Maus Alexander ist neidisch auf die Aufziehmaus, die nachts bei der kleinen Anna schläft. Alexander will auch geliebt werden. Doch ein trauriges Wiedersehen mit der Aufziehmaus führt zu einer besseren Lösung.	Schwann

Kinderlexika:

Bezeichnung	Beschreibung	Hersteller
v. Horst Lembke Mein buntes Bilderwörterbuch	Kindgerechte Illustrationen mit Worterklärungen durch einfache, klare Sätze. Begriffe wurden ausgewählt, die der Umwelt des Kindes entstammen.	Schwann
Mein erster Brockhaus	Ein buntes Bilder-ABC. Klare Darstellung in bunten Bildern.	F. A. Brockhaus
v. B. Morris Parker Vom ersten Wissen	Dieses Buch gibt viele Antworten. Es klärt, was eigentlich 'alt' ist oder 'groß', was wir atmen, essen und noch vieles andere.	Otto Maier
v. Alain Gree Ich weiß alles	In einer Geschichte mit Niko werden die Gebiete Blumen, Autos, Tiere, Farben, Transportmittel erläutert.	Neuer Tessloff
Herders buntes Bilderlexikon	Fundiertes Wissen für Kleine und Große, zum Betrachten, Nachschlagen, Nachmalen und Erzählen. Verschiedene Lebensbereiche, z. B. Pflanzen, Tiere, Menschen werden vorgestellt und kurz erklärt.	Herder

2. 8. Farbenbegriffe

Unterschiedliche Farben hat das Kind schon bei den Zuordnungsübungen (vergl. Farbenzuordnung auf Seite 26) kennengelernt. Ist es in der Lage, farbliche Gegenstände vom Sehen her zu ordnen, soll es nun die Farbbenennungen kennenlernen. Vielen Kindern bereitet das Erlernen der Farbbezeichnung viel Mühe. Daher empfiehlt es sich, nur mit einer Farbe, z. B. rot, zu beginnen.

Wie kann gefördert werden?

Entwicklungsalter: ab 3 Jahre

Als Material benötigen Sie 5 rote und 5 blaue Pappkarten (Größe etwa 8 × 8 cm). Alle Pappkarten werden ungeordnet auf dem Tisch ausgebreitet. Der Erwachsene zeigt dem Kind eine Karte und sagt: „Dies ist eine rote Karte. Suche mir noch eine rote Karte." Hat es eine gefunden, so soll es die Karte mit dem Wort „rot" benennen. Es werden alle roten Karten herausgesucht und benannt.

Als Variation kann folgendes gespielt werden:
Das Kind nimmt eine Farbkarte und sucht einen gleichfarbigen Gegenstand oder ein gleichfarbiges Spielzeug (dafür sorgen, daß genügend Dinge der Grundfarbe in der Nähe zu finden sind). Dabei benennt es immer die Farbe: „Der Schuh ist rot", „der Bauklotz ist rot".

Eine weitere Möglichkeit besteht darin, Perlen aufzufädeln. Eine rote Perle, eine blaue Perle usw. Erst wenn das Kind einen Farbenbegriff ganz sicher beherrscht, wird der nächste eingeführt.

Je mehr Farben gekonnt werden, desto mehr kann das Farbenspiel in den Alltag einbezogen werden. Bei jeder sich bietenden Gelegenheit kann die Farbbenennung geübt werden. „Gib mir das gelbe Buch!", „Welche Farbe haben deine Strümpfe?". „Bei Grün gehen wir über die Straße". „Was für ein Kleid hat das Kind an?"

Beim Farben-Domino kann jeweils die Farbe benannt werden, die gerade angelegt wird.

Material: Siehe Material 'Farbenzuordnung' Seite 27

2. 9. Zuhören

Eine gute Beherrschung des gesprochenen Wortes setzt voraus, daß das Kind vorher zuhören und verstehen gelernt hat. Wie schwer fällt heute den meisten Kindern diese Fähigkeit. Sie werden abgelenkt von vielen Reizen und sind nicht mehr in der Lage, konzentriert Informationen über das Ohr aufzunehmen. Da dieses aber für alle Lernprozesse eine wichtige Voraussetzung ist, sollte schon das kleine Kind darin geübt werden.

Wie kann gefördert werden?

Entwicklungsalter: ab 3 Jahre

Hierfür gibt es wieder eine ganze Reihe lustiger Spiele. Erzählen Sie eine kurze Geschichte, in der Ihr Kind ein bestimmtes Wort oder ein Ereignis erraten muß: z. B. „Wer klingelt an der Haustür?" Die Person wird beschrieben, es wird erzählt, was sie bringt oder was sie holen möchte, und das Kind soll nun erraten, um wen es sich handelt. Es könnte der Postbote, die Oma, der Vater, der Schornsteinfeger, der „Nikolaus" sein.

Beschreiben Sie einen Weg, den Sie gegangen sind, eine kleine Handlungsfolge oder eine kurze Geschichte und lassen Sie das Kind das Gehörte wiedergeben.

Ganz besonders intensiv übt sich Ihr Kind im Zuhören, wenn Sie ihm eine Geschichte vorlesen. Auch wenn es später in der Schulzeit schon selbst lesen kann, sollten Sie das Vorlesen als gemeinsames Vergnügen beibehalten. Mit dem Vorlesen wecken und erhalten Sie außerdem das Interesse Ihres Kindes an Büchern. Versorgen Sie es auf diesem Wege so lange mit reichlichen Zuhörangeboten, bis es selbst mühelos Lesestoff „verschlingen" kann.

Material:

Bezeichnung	Beschreibung	Hersteller
	Bücher zum Vorlesen:	
Kindergartengeschichten	Erzählungen von Kindern, von der Familie, von Tieren, von der Natur und von Jahreszeiten u. a.	Styria
v. Käte Hart Was Kinder gerne hören	366 Gute-Nacht-Geschichten	Neuer Tessloff
Astrid Lindgren erzählt	Die schönsten Geschichten, die sie jemals geschrieben hat, sind in diesem Sammelband enthalten.	Oetinger
v. H. C. Andersen Die schönsten Kindermärchen	Allgemein bekannte Märchen des dänischen Dichters illustriert mit vielen Zeichnungen.	Ellermann
v. G. Ruck-Pauquet Eine Badewanne voll Geschichten	Eine Sammlung mit vielen Geschichten und Gedichten.	Betz

58

Bezeichnung	Beschreibung	Hersteller
v. J. Guggenmos Das kunterbunte Kinderbuch	Viele Sachen zum Vorlesen und Lachen.	Herder
v. J. Guggenmos Ein Elefant marschiert durchs Land	Geschichten und Gedichte zum Vorlesen.	Herder
v. W. Matthießen Das alte Haus	Die Großmutter erzählt ihren Kindern Märchen und Geschichten aus dem alten Haus.	Herder
v. I. v. Faber du Faur Huckepack	Sehr einfache Geschichten zum Vorlesen und Erzählen. Oft besteht eine Geschichte nur aus 5 bis 10 einfachen Zeilen bzw. Sätzen.	Langewiesche Brandt
v. U. Wölfel 28 Lachgeschichten	Kurze Geschichten mit leicht verständlichem Inhalt und viel Humor.	Hoch
v. U. Wölfel Siebenundzwanzig Suppengeschichten	Auf jeder Seite des Buches ist eine kurze Geschichte und ein Bild.	Hoch

2. 10. Zeitbegriffe

Kinder im Vorschulalter haben nur eine verschwommene Zeitvorstellung und wenden deshalb zeitliche Begriffe wie gestern, heute oder morgen noch recht wahllos an. Oft ist es ihnen unmöglich zu verstehen, was der Erwachsene damit meint, wenn er von gestern abend spricht oder vom nächsten Sonntag. Wenn die Mutter sagt: „Morgen bekommst du ein Match-Box-Auto", so ist es dasselbe, als würde sie sagen: „In einigen Monaten . . .". Um diesem Problem zu begegnen, bringen wir dem Kind die Zeiteinteilung in Form von Spielen nahe.

Wie kann gefördert werden?

Entwicklungsalter: ab 3 Jahre

Der Erwachsene bespricht die Tageseinteilung anhand des täglichen Ablaufs und der Ereignisse: Morgens, das ist die Zeit, wenn du ausgeschlafen hast. Dann stehst du auf, danach frühstücken wir, und dann gehst du in den Kindergarten. Mittag ist es, wenn du aus dem Kindergarten kommst. Dann essen wir zu Mittag. Nachmittags ist die Zeit von Mittag bis zum Abend; dann trinken wir Kaffee. Abends wird es dunkel; wir essen zu abend und gehen dann schlafen. Das alles – morgens, mittags, nachmittags und abends – ist ein Tag. Die Nacht ist genauso lang wie der Tag. Nachts schlafen wir.

Zu dieser Zeiteinteilung können Sie auch vom Kind Bilder malen lassen. Auch kann man dazugehörige Dinge zu einer bestimmten Zeit ausschneiden und in Form eines Tageskalenders zusammenstellen lassen: Was machen wir alles morgens? Was brauchen wir alles am Morgen? Was brauchen wir mittags? usw.

Ist die Tageszeiteinteilung verstanden, können Sie zu den Begriffen gestern –
morgen – heute übergehen. Dabei sollen Sie darauf achten, daß zunächst immer
von einem einprägsamen Erlebnis des Kindes ausgegangen wird.

Die Wochentage werden zunächst einfach in der Reihenfolge auswendig gelernt.
Ein Wochenkalender, bei dem zu jedem Tag ein bestimmtes Ereignis zugeordnet
wird (z. B. Montag gehen wir schwimmen, Dienstag ist Flötenstunde), kann das
Lernen vereinfachen und veranschaulichen.

Ähnlich werden dann die Jahreszeiten: Frühling – Sommer – Herbst und Winter
spielerisch erarbeitet.

Material:

Bezeichnung	Beschreibung	Hersteller
Bücher:		
v. John Burningham So geht das Jahr durchs Land	Fünfzeilige Verse lenken den Blick von der eigenen Umgebung auf Veränderungen des Lebens im Jahreslauf. Leitmotiv ist das Haus. Um das Haus, wie sieht's da aus im Frühling usw.	Otto Maier
v. W. Schmögner Das Guten-Tag-Buch	Das Fenster sagt 'Guten Morgen', und alle Dinge wachen auf: Schrank, Bett, u. a.	Insel
v. Klaus Ensikat Die Sonne	Ein Bilderbuch, das die Sonne am Gegenbild der Nacht überzeugend und fantasievoll darstellt.	Otto Maier
Die Uhr	Mit diesem Bilderbuch macht es Kindern Spaß, die Uhr lesen zu lernen, denn sie können damit spielen.	Otto Maier
v. Gérard u. Alain Gree Tom und die Jahreszeiten	Aus der Reihe: Tom und seine Welt. Tom erlebt die Dinge der Umwelt und lernt, sich damit zu beschäftigen, so lernt er auch die Jahreszeiten.	Boje
Ein Baum geht durch das Jahr	Der Kreislauf der Natur wird am Beispiel eines Baumes und seiner Bewohner geschildert.	Ellermann
Spiele und Puzzle:		
Rund um die Uhr	Didacta-Puzzle	Otto Maier
Jahreszeiten	4 Rahmenpuzzle (Frühling, Sommer, Herbst und Winter). Jedes Puzzle besteht aus ca. 40 Teilen.	Otto Maier
Wer kennt die Uhr?	Eine Vielzahl vergnüglicher Uhrenspiele. Dazu verschiedene Pappuhren.	Otto Maier
v. Satomi Ichikawa Frühling, Sommer, Herbst und Winter	6 Kinder werden durch das Jahr begleitet und erleben einige für jede Jahreszeit typische Ereignisse.	Betz

2. 11. Oberbegriffe – Merkmalbeschreibung

Das vom Optischen her geübte Ordnen, Einordnen und Zuordnen von zusammengehörenden Gegenständen dient als Grundlage für die Entwicklung sprachlicher Oberbegriffe. Zunächst benötigt das Kind immer konkretes, gegenständliches Material. Dabei sollten bestimmte Merkmalgruppen mit einfachen Sammelbezeichnungen belegt werden, z. B. Kleidung, Spielsachen, Tiere usw.

Wie kann gefördert werden?

Entwicklungsalter: ab 3 1/2 Jahre

Das Kind soll in spielerischen Oberbegriff-Zuordnungsübungen lernen, daß verschiedene Gegenstände oder Bilder Sammelnamen haben. Bald wird seine Abstraktionsfähigkeit soweit entwickelt und sein Wortschatz so erweitert sein, daß es zu bestimmten Oberbegriffen zugehörige Dinge benennen kann. Der Erwachsene stellt eine Frage, das Kind antwortet: „Was braucht man zum Kochen?"
(Darauf achten, daß es ganze Sätze spricht!)
„Zum Kochen braucht man einen Topf, zum Kochen braucht man einen Rührlöffel. Zum Kochen braucht man Wasser."
Ist einiges zu dieser Frage zusammengetragen, so kann ein nächstes Gebiet erfragt werden:
„Was braucht man, wenn man den Tisch decken will?"
(Tischtuch, Teller, Messer, Gabel, Löffel).
Oder: „Woraus ist der Rührlöffel hergestellt?"
Antwort: „Der Rührlöffel ist aus Holz."
„Was ist noch alles aus Holz?" (Wäscheklammer, Eßbrettchen, Stuhl, Schrank).

Auch andere Dinge können nach der Beschaffenheit des Materials verglichen und Unterschiede herausgefunden werden. Wir suchen gemeinsam in der Wohnung Dinge aus Papier, aus Glas, aus Holz. Rätsel erweitern diesen Bereich und machen viel Spaß.

In derselben Weise können Kenntnisse aus der Natur vertieft werden:
„Was lebt im Wasser?"
„Was lebt in der Luft?"
„Was finden wir im Wald?"
„Was finden wir auf der Wiese?"
Greifen Sie immer konkret die Dinge auf, bei einem Spaziergang, beim Einkauf, beim Tanken.

Weitere Gebiete sind: „Was gehört zum Winter?"
                    „Was gehört zum Sommer?" usw.
So erwerben die Kinder Einsichten in Zusammenhänge. Sie lernen, sichtbare Dinge zu beschreiben, und vertiefen dabei ihre Kenntnisse über die Merkmale der Gegenstände und ihrer Umwelt.

Material: Siehe Material „Kategorienzuordnung" Seite 33

2. 12. Gegensatzerfassung

Um zu verstehen, was „Gegenteil" bedeutet, muß das Kind die gegensätzlichen Begriffe kennen. Verschiedene Eigenschaften sind ihm schon bekannt. Nun werden immer zwei in Gegenüberstellung gebracht, d. h. sie stellen Gegensätze dar.

Wie kann gefördert werden?

Entwicklungsalter: ab 3 3/4 Jahre

Das Kind spielt mit zwei Bällen, einem kleinen und einem großen. Dabei bietet sich die Gelegenheit, groß und klein zu erklären (Abb. 21). Durch Betasten und Drücken kann die Beschaffenheit von Watte und die Bezeichnung „weich" erfahren werden. Nimmt das Kind nun einen Stein in die Hand, so wird es dazu den Unterschied „hart" erleben (Abb. 22).

Bei jeder sich bietenden Gelegenheit können andere Begriffe in ihrer Gegensätzlichkeit durch konkrete Erfahrung der Sinne Fühlen, Hören, Sehen, Schmecken verdeutlicht werden.

Beispiele:

Tag	–	Nacht
Licht	–	Schatten
Junge	–	Mädchen
heiß	–	kalt
traurig	–	lustig
klein	–	groß
breit	–	schmal
laut	–	leise
leicht	–	schwer

Abb. 21

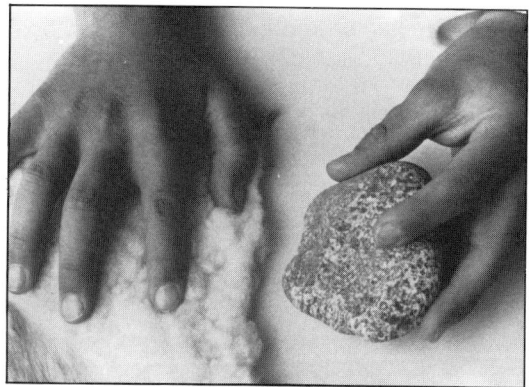

Abb. 22

62

Material:

Bezeichnung	Beschreibung	Hersteller
Reihe 'dies und das' bringt folgende Titel: groß und klein, schnell und langsam, rund und eckig, laut und leise, zuerst und zuletzt, hier und dort, rauh und glatt, Sonnenschein und Schatten, heiß und kalt	Sachbuchreihe in mehreren Bänden für Kinder. Mark ist groß im Vergleich zum Baby oder: Warum hört man die Trommel mehr als die Flöte? Solche Fragen greifen die Bücher auf und beantworten sie anhand leicht verständlicher Gegensatzpaare in Bild und Text.	Finken
v. Hakan Brockstedt und Luis Erler Wenig oder viel Heft 1 und 2	Mit lustigen Bildern vermitteln diese Hefte Begriffe wie groß - klein lang - kurz wenig - viel u. a.	Sellier
v. Gerd Huss und Rolf Peter Berndt Hell und Dunkel	An einer Reihe von Bildern, z. T. mit fortlaufender Handlung, wird gezeigt, wie der Tag in die Dämmerung und diese in die Nacht übergeht und warum das geschieht.	Velber
v. Tana Hoban Voll - leer, leicht - schwer	In Fotobildern werden Begriffe wie rechts - links, vorn - hinten, schwer - leicht u. a. anschaulich gemacht.	Reich
Kontrast	Die Aufgabe des Spielers besteht darin, Gegensätze zu suchen und sie richtig zuzuordnen. Da jede Karte eine „Nase" oder Ausbuchtung ähnlich einem Puzzle hat, können richtig zugeordnete Abbildungen ineinandergehängt werden.	Otto Maier
Domino der Gegensätze	In klar erkennbaren Motiven werden gegensätzliche Begriffe zugeordnet und benannt.	Widmaier
Unsere 5 Sinne	Auf farbigen Abbildungen sollen die 5 Sinne (Fühlen, Schmecken, Riechen, Sehen, Hören), die symbolisch dargestellt sind, zugeordnet werden.	Nathan
Reihe: Lernen mit Spaß „Gegensätze"	Spielbilderbuch mit lustigen Tricks und Laschen, die Räder in Bewegung bringen oder auch zum Aufklappen sind.	Carlsen

2. 13. Scherzaufgaben – Rätsel

Zur sprachlichen Förderung Ihres Kindes gehören nun aber nicht nur ernsthafte und inhaltsreiche Gespräche. Wieviel Sinn für Humor und Spaß zeigen doch die meisten Kinder, wenn man mit ihnen Scherzspiele spielt, Rätsel ratet, alberne Reime aufsagt oder anderen „Quatsch" macht.

Wie kann gefördert werden?

Entwicklungsalter: ab 4 Jahre

Auf Autoreisen oder in der Bahn, im Wartezimmer beim Arzt, oder wo es sich gerade ergibt, können Spiele gemacht werden, in denen z. B. Worte mit gleichen Anfangsbuchstaben gesucht werden:
Apfel – Apfelsine – Anneliese – Arbeit
Brot – Baum – Banane
Mama – Mond – Mund

Machen Sie Rätsel nicht zu schwierig. Kleine Kinder wollen schnell erraten und ihren Spaß dabei haben.
Rätsel: Ich esse Gras, ich sage Muh. Wer bin ich?
Oder: Was ist klein, voller Fell und sagt Miau?
Was ist klebrig, gelb, feucht, brennt auf der Zunge und wird mit Würstchen gegessen?

Ratespiele mit Mimik und Gebärde:
Ohne Worte und Gegenstände stellen Sie das Essen einer Weintraube dar. Einzelne Beeren abzupfen und nacheinander in den Mund stecken. Die Traube dabei in der hohlen Hand halten. Einzelne Kerne bleiben zwischen den Zähnen hängen und müssen herausgeholt werden. Sicher werden Sie Ihre Traube gar nicht fertig „essen" können, da schon längst geraten wurde, was Sie essen.
Weitere Beispiele zum pantomimischen Raten:
Apfel essen, Sprudel trinken, Eis lecken, Auto fahren. Sie können eine Szene vorspielen „oder als Geschichte erzählen", in der bewußt etwas vergessen oder falsch gemacht wird. Nun soll erraten werden, was vergessen oder in falscher Weise vorgeführt wurde.

Themen könnten sein:
Zähneputzen   – ohne Zahnpasta
Anziehen   – Strümpfe vergessen
Eisenbahn fahren   – ohne Fahrkarte zu lösen
Suppe kochen   – ohne Wasser
Suppe mit Messer und Gabel essen

Material:

Bezeichnung	Beschreibung	Hersteller
v. E. Borchers Ich weiß etwas, was du nicht weißt	Ein Bilderbuch mit kurzen Reimen, das auf einer Seite ein Detail im Bild vorstellt und auf der folgenden Seite den vermeintlichen Gegenstand ganz abbildet.	Ellermann
v. K. H. Bentzien Ene mene Tintenfaß rate rate, was ist das?	Neue und alte Abzählreime, Fingerspiele, Rätsel und Zungenbrecher.	Herder
v. K. Behrend Das Kopfzerbrechbuch	Eine Sammlung von lustigen Rätseln, mit kleinen Zeichnungen illustriert.	Betz
von B. H. Bull Rätselkönig	222 Rätsel in 99 Geschichten zum Vorlesen.	Herder
v. Rolf Thiemann Rätselpeter 1 Rätselpeter 2	Ein vergnüglicher Weg zum Selberdenken. Leichte und schwierige Aufgaben wechseln ab und verlocken über das erlösende Erfolgserlebnis zu neuen Leistungssteigerungen.	Sellier
v. Hans Gärtner Ratebilderbuch	Die Bilder fordern das Kind heraus zum Fehlersuchen, Vergleichen, Unterscheiden. Ein buntes Rätselmagazin für die Kleinen.	Sellier
WEHRFRITZ-Rätselkiste	Das Spiel fördert Kinder beim Erraten von Begriffen. Die Rätselkarten sind nach 5 Fachgebieten geordnet: Mensch, Pflanze, Tier, Natur und Gegenstände.	Wehrfritz
Reihe: Junior Spiel- und Spaßhofto „Mein erstes Rätselheft"	Vielfältige faszinierende Spielideen, die das Erkennen von Sinnzusammenhängen fördern.	Otto Maier
Ratefüchse aufgepaßt	Der Spieler bestimmt mit einem Farb- und Mengenwürfel ein Bild auf dem Spielplan. Die anderen müssen suchen. Ein Ratespiel für schnelle Denker und alle, die es werden wollen.	Otto Maier

2.14. Formenbegriffe

Bevor die Formbezeichnung eingeführt wird, sollten die Begriffe rund und eckig bekannt sein (Abb. 23). Dieses kann mit Bauklötzen, Dosen oder Schachteln eingeübt werden. Im Zusammenhang mit der optischen Formenzuordnung wurden nebenbei schon Begriffe wie Kreis, Dreieck oder Viereck genannt, ohne daß der Benennung wesentliche Beachtung geschenkt wurde. Nach diesen vorbereitenden Spielen bekommen die Klötze nun Namen, die ihre geometrische Form bezeichnen.

Wie kann gefördert werden?

Entwicklungsalter: ab 4 1/2 Jahre

Als Spielmaterial eignen sich gut die „Logischen Blöcke". Legen Sie je zwei farbgleiche und größengleiche Formen „Quadrat, Dreieck, Kreis" auf den Tisch. Breiten Sie diese gut aus. Greifen Sie einen roten Kreis heraus und sagen Sie zu Ihrem Kind: „Kannst du genau so etwas Rundes finden wie dieses hier? Das sind Kreise. Lege die zwei Kreise zusammen."

Nehmen Sie ein Viereck „Quadrat" heraus. „Kannst du mir einen anderen Klotz zeigen, der dieselbe Form hat wie dieser?" Während Sie das Wort „Form" gebrauchen, fahren Sie an der Seite des Quadrates mit Ihren Fingern entlang. Die zwei Klötze, die übrig sind, sind Dreiecke. Sie passen zusammen, weil sie dieselbe Form haben. Ziehen Sie dabei wieder die Umrisse des Klotzes nach.

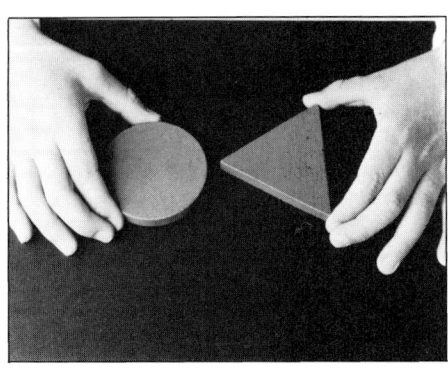

Abb. 23

Abb. 24

Formen beschreiben! Alle Formen werden durcheinandergemischt. Der Erwachsene beschreibt eine Form, und das Kind sucht diese heraus (Abb. 24).
Z. B.: „Gib mir das große Dreieck," Oder: „Suche ein kleines Quadrat heraus."
Dieses Spiel kann im Wechsel gespielt werden. Einmal nimmt der Erwachsene und einmal das Kind die betreffende Form.

Sind die Formen der Spiele und des Spielmaterials bekannt, so soll man auf Formen in der Umgebung des Kindes aufmerksam machen.
Beispiele für Kreise: Ball, Teller, Deckel, Rad.
Beispiele für Quadrate: Tisch, Stuhl, Kachel, Bauklotz, Würfel.
Beispiele für Dreiecke: Straßenschild, Giebel.
Beispiele für Rechtecke: Handtuch, Tür, Tisch, Fenster, Bücher.

Material: Siehe Material 'Formenzuordnung' Seite 24

2.15. Akustische und sprachliche Schulreife

Die sprachliche Auseinandersetzung mit der Umwelt trägt wesentlich zur Intelligenz- und Persönlichkeitsförderung bei. Eine gezielte Erziehung im Vorschulalter beinhaltet auch die Hinführung zu einer akustisch-sprachlichen Schulreife. Dazu gehört ein gewisser sprachlicher Ausdruck und Wortschatz, akustische Merkfähigkeit und Gliederung, sprachliches Denken und Verstehen.

Wie kann gefördert werden:

Entwicklungsalter: ab 5 1/2 Jahre

Anhören, verstehen und nacherzählen von Erlebnissen oder Geschichten können, wo immer es sich ergibt, in den Tagesablauf eingebaut werden. Das Kind in diesem Alter ist noch ungeübt im Wiedergeben von Einzelheiten aus Geschichten. Indem es ein Erlebnis oder eine Erzählung berichtet, kann auf die Erinnerung des folgerichtigen Ablaufs geachtet werden.

Akustische Gliederungsübungen als Vorbereitung auf das Lesenlernen sind von erheblicher Bedeutung und können durch rhythmisches Klatschen von Worten aufgegriffen werden.

Beispiele:
Ham — pel — mann
Son — nen — blu — me
Blu — men — topf
Schmet — ter — ling.

Ferner können Wortunterscheidungsübungen durchgeführt werden.
Welche Wörter klingen am Anfang gleich:
Apfel — Apfelsine — Ampel
Banane — Brot — Baum.

Welche Wörter reimen sich:
Haus — Maus   Hase — Vase   Kanne — Wanne
Bein — klein   Flügel — Bügel   Schlüssel — Rüssel
Buch — Tuch   Rose — Hose   Beil — Pfeil
Zopf — Topf.

Nachfolgend aufgeführte Schularbeitsmappen haben mehr ihren Schwerpunkt in der sprachlich-akustischen Förderung.

Material:

Bezeichnung	Beschreibung	Hersteller
Sprechlernspiele	Dieses Spiel fördert das bewußte Hören und Unterscheiden von Lauten.	Otto Maier
Sprich genau, Hör genau	Beeren oder Bären, jeweils zwei ähnlich klingende Wörter sind auf Legetafeln und Kärtchen dargestellt.	Otto Maier
Lauter Laute	Bilder zur Förderung des genauen Hörens. Die Fähigkeit, Laute beim Hören und Sprechen genau zu unterscheiden, ist eine wichtige Voraussetzung für richtiges Lesen und Schreiben.	Finken
Sehen, Hören, Sprechen I Sehen, Hören, Sprechen II dazu Begleitheft	Unter diesem Thema sind die Arbeitsmappen erschienen. Auf den 56 farbigen Bildbögen jeder Mappe sind Spiele und Aufgaben für Vorschulkinder, die die optische und akustische Wahrnehmungsfähigkeit üben und die Sprachfähigkeit steigern.	Otto Maier
Arbeitsmappen zum Sprachtraining und zur Intelligenzförderung Arbeitsmappe I, II und III	Die beiden Programme dienen einer umfassenden Förderung der sprachlichen Fähigkeiten und Lernfunktionen. Zu jeder Mappe gibt es ein Anleitungsheft.	Finken
Begabung Sprache Emanzipation Arbeitsmappe I Arbeitsmappe II	2 Mappen mit 62 meist vierfarbigen Bildtafeln je Mappe.	Finken
dazu je ein Handbuch für den Erzieher unter dem Titel Persönlichkeitsförderung 1 und 2	Handbuch	Finken
v. Marlene Reidel Kleine Bilder A B C	Mit diesem Buch lernt das Kind die Laute kennen. Lautmalerische Verse und Bilder helfen, die Laute zu unterscheiden.	Sellier
ABC-Spiel	Vom Apfel bis zur Zwiebel durch das Alphabet. Zu jedem Bild ein Anfangsbuchstabe. Nur das richtige Kartenpaar hält zusammen wie zwei Puzzle.	Otto Maier
v. W. Eckel Hamburger Bilderserie	143 große Farbtafeln, viele Einzelbilder mit Darstellungen von Personen, Gegenständen, Tätigkeiten, Eigenschaften und anderen Wörtern.	Druck und Papier
Was hörst Du?	Bei diesem Spiel gilt es, möglichst viele Geräusche aus der Umwelt zu erkennen. Die entsprechenden Bilder zu den Geräuschen befinden sich auf dem Spielplan und den Bildkarten.	Otto Maier
Kinder ABC	Didacta-Puzzle	Otto Maier

3. Förderung in der Handmotorik

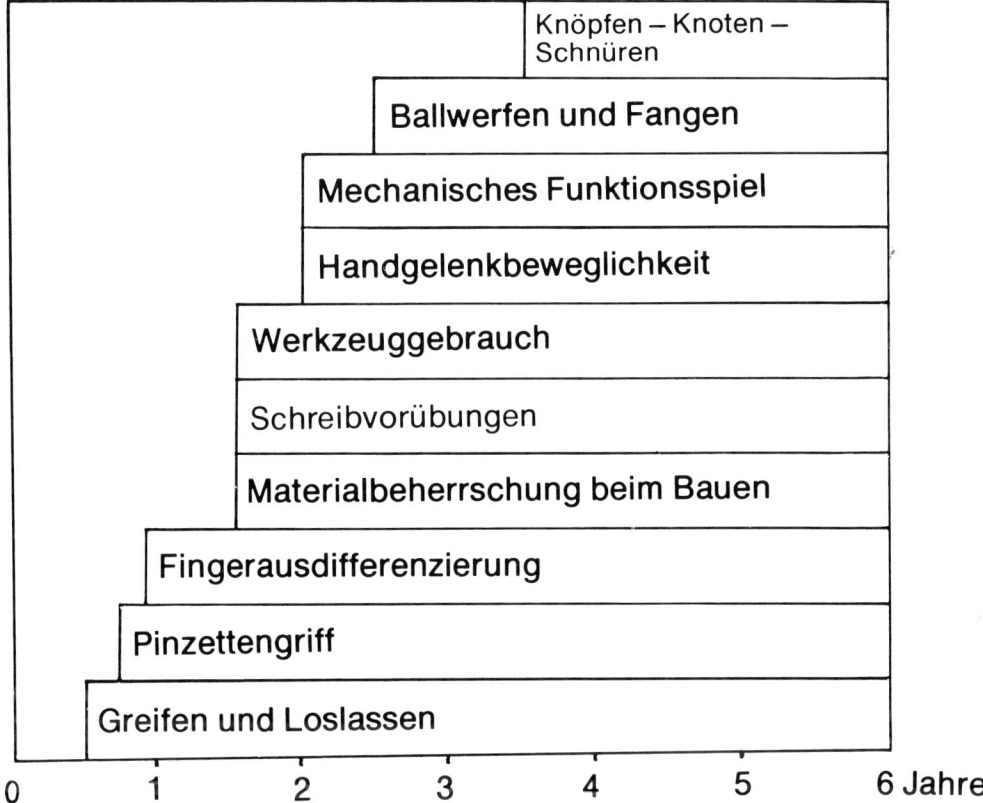

3. 1. Greifen und Loslassen

Das Neugeborene hält seine Händchen noch zu Fäusten geschlossen. Diese Fausthaltung wird durch den sogenannten Greifreflex bewirkt. Er verliert sich im Laufe der ersten drei Monate. Dann erst werden die Händchen geöffnet. Die Entwicklung des eigentlichen Greifens ist nun möglich.
Das Baby ergreift ein Spielzeug zunächst nur dann, wenn seine Hand zufällig damit in Berührung kommt. Der Gegenstand wird dann mit der ganzen Hand umklammert und festgehalten, (Abb. 25). Je aufmerksamer das Baby seine Umgebung beobachtet, umso deutlicher nimmt es einzelne Dinge wahr. Dann beginnt es die Ärmchen schon in eine bestimmte Richtung auszustrecken. Das Spielzeug wird ergriffen und sofort zum Mund geführt. Hierbei vollführt das Baby schon eine Art Zielübung.

Ebenso wie das Ergreifen und Festhalten muß das bewußte Loslassen erst tausendfach geübt werden. Diese Versuche münden oft in ein unermüdliches Spiel ein. Es ergreift Gegenstände und wirft sie aus dem Bettchen. Das Baby entdeckt, daß es die Dinge „beherrschen" kann. Es übt im Spiel, den Griff absichtlich loszulassen. Der schnelle Wechsel von Muskelanspannung und -entspannung bildet die Voraussetzung zum Hantieren und Bauen, wie überhaupt zu jeder Tätigkeit mit der Hand.

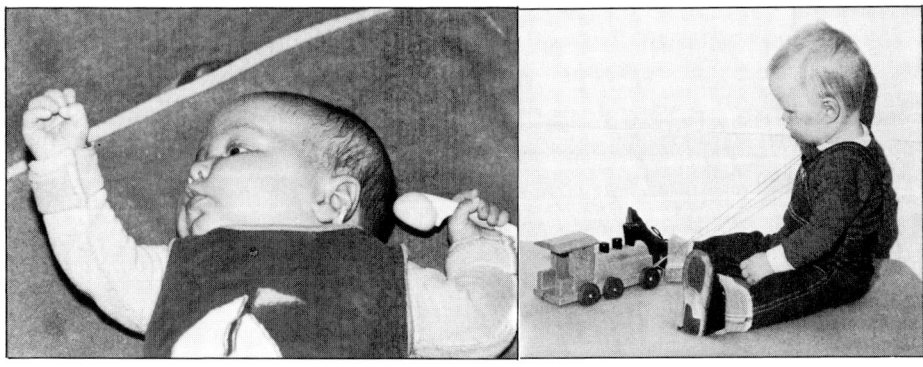

Abb. 25   Abb. 26

Am Ende des ersten Lebensjahres merkt das Baby, daß es ein Spielzeug auch heranholen kann, indem es an einer daran befestigten Schnur zieht (Abb. 26). So braucht es nicht mehr nach dem Gegenstand selbst zu greifen, wenn dieser sich außerhalb seiner Reichweite befindet. Dieses ist der Anfang des Verwendens eines „Werkzeuges" (Schnur) und damit des in direkten Sich-in-Besitz-Bringens von Dingen, die es zu haben wünscht. (Siehe Kapitel „Werkzeuggebrauch" Seite 82). Für das Baby heißt „Begreifen" wirklich greifen, anfassen, betasten. Auf diese Weise begreift es nicht nur seine Umwelt, seine Eltern, sondern auch sich selbst und seinen eigenen Körper. Das Kind sammelt Erfahrungen der Umwelt, indem es die Eigenschaften verschiedener Gegenstände kennenlernt.

Wie kann gefördert werden:

Entwicklungsalter: ab 6 Monate

Bieten Sie Ihrem Kind eine Rassel oder einen Beißring zum Greifen an, indem Sie diesen in sein Blickfeld halten und seinen noch unsicheren und zögernden Greifbewegungen entgegenkommen. Auch die Kugelkette, oder Klimbim quer über den Kinderwagen oder das Kinderbettchen bietet Anregung zum Greifen.

Mit neun Monaten kann der Versuch gemacht werden, in jede Hand ein kleines Spielzeug zu geben. Am Anfang wird es sein erstes Spielzeug dabei aus der Hand legen; dann aber wird es mit beiden Händen zugreifen und die Gegenstände aneinanderschlagen. Bald wird es auch sein Spielzeug von einer Hand in die andere geben. Ist das Baby im Greifen geübt, fördern alle möglichen Quietschtiere das feste Zudrücken. Große Freude macht es, wenn dabei ein Ton erzeugt wird. Jedes Quietschen regt zum erneuten Zugreifen und Loslassen an.

Material:

Bezeichnung	Beschreibung	Hersteller
Paradiesrassel Schmetterlingsrassel, Wasserballrassel, Bällchenrassel, Entenrassel, Bunte Ringe	Greifrassel	Schildkröt
Marienkäfer, Schäfchen, Pudel	Weiche Greiflinge, die sich zusammendrücken lassen.	Schildkröt
Schäfchen (45 cm) Marienkäfer (38 cm) Pferdchen(38 cm) Enten (40 cm)	Rasselketten zum Greifen, über das Bettchen oder den Kinderwagen zu hängen.	Schildkröt
Klim Bim	Kleinkind-Greifspiel zum Befestigen am Bettchen oder Laufgitter	Kiddicraft
Kiddi Trimm	Figuren zum Greifen, Schaukeln und Drehen.	Kiddicraft
Kiddi Wipp	3 Kugeln mit Saugvorrichtung zum Andrücken an einer glatten Fläche.	Kiddicraft
Kuller-Kugel	Große Plastikkugel zum Befestigen mit Saugnapf, z. B. in der Badewanne.	Kiddicraft
Kiddi Bam	Eine Rassel in bunten Farben, die mit einer Kordel in Babys Reichweite befestigt wird.	Kiddicraft
Schlüsselbund	Plastikschüssel an einem Ring, Baby kann nach Belieben darauf herumkauen.	Kiddicraft
Stielrasseln	Der kindlichen Hand- und Greifbewegung angepaßte Form mit einem Loch am Griff. Zum Erforschen auch für Finger und Zunge.	Kiddicraft
Baby-Beißringe	Bunte Plastikringe, die mit einem Kettchen verbunden sind.	Kiddicraft
Ring Kugel Fisch	Greifling aus Holz.	Meistergilde

3. 2. Pinzettengriff

Zur Entwicklung des Greifens gehört nicht nur das Öffnen- und Schließenkönnen der Hände, sondern auch die Art und Weise, wie die Hand einen Gegenstand nimmt und festhält. Zunächst greift das Baby einen Gegenstand noch mit der ganzen Hand. Um aber kleinere Dinge in den Griff zu bekommen, muß das Kind die Fingerspitzen von Daumen und Zeigefinger ähnlich einer Pinzette gebrauchen lernen. Die Fähigkeit, den Daumen der übrigen Hand gegenüberzustellen, entwickelt sich bis zum 12. Monat. Sie bildet die Voraussetzung z. B. für das spätere Umblättern von Bilderbuchseiten.

Wie kann gefördert werden:

Entwicklungsalter: 9 – 12 Monate

Rosinen oder andere kleine Gegenstände mit Daumen und Zeigefinger greifen lassen (Abb. 27).
Auf einer Schnur oder einer Kordel aufgezogene Holzperlen zum Spielen geben und diese von einem zum anderen Ende entlang schieben lassen. Kleine, trockene Brotkrumen zwischen den Fingern zerreiben.

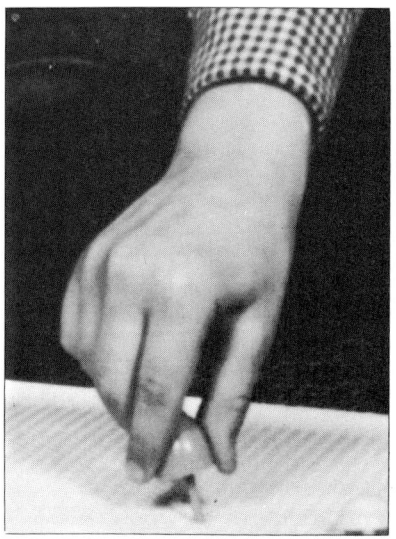 

Abb. 27   Abb. 28

Spiele anbieten, die die Betätigung des Daumens und Zeigefingers erfordern, z. B. Steckspiele, Einsetzspiele mit einem Stöpsel (Abb. 28), Spiele mit Kugeln.

Material:

Bezeichnung	Beschreibung	Hersteller
Muggelsteine Durchmesser Größe: 10 mm 15 mm 20 mm	Halbkreisförmige Plastikspielsteine zum Legen in verschiedenen Größen.	Versch. Hersteller

72

Material:

Bezeichnung	Beschreibung	Hersteller
Perlenkette	Viele bunte Perlen auf einer Kordel. Die Perlen sind locker aufgefädelt und können bewegt werden.	Kiddicraft
Kugelbahn	Auf schräglaufende Bahnen werden Glaskugeln gelegt.	Kiddicraft
Einlegebrett Verkehr	Einsetzbilder mit Stöpsel zum Anfassen.	Simplex
Einlegebrett: Beim Essen	8 Teile aus Holz können mit einem Stöpsel zum Anfassen herausgenommen werden.	Otto Maier
Coloredo	Spiel mit vielen bunten Steckern.	Quercetti
Steck mit	Spielplatte aus Holz, dazu gehören bunte runde Spielsteine, die in die Löcher des Brettes gesteckt werden.	Haba
Apfelbaum-Spiel	Ein Apfelbaum-Tablett aus Holz mit Stecklöchern und ca. 65 roten Äpfeln zum Stecken und Abpflükken.	Staneker
Großes Gittermosaik	In ein großes Gitter können verschieden geformte Holzsteinchen gesteckt werden. Es können Muster erfunden, oder vorgegebene Figuren nachgesteckt werden.	Haba
Steckigel	Zu einem Steckigel sind 19 Stacheln auf einem Holzbrett in Bohrvertiefungen angeordnet. Neben der Verwendung als Igelstacheln bieten sich diese jedoch zunächst als Greiflinge, als Puppen oder zur Größenunterscheidung an.	Meistergilde
Einlegebretter: Im Haus, im Garten, auf dem Bauernhof	8 Teile aus Holz können mit einem Stöpsel zum Anfassen herausgenommen werden.	Otto Maier
Einlegebretter: Spielsachen, Früchte, Tiere	4 Teile aus Holz können mit einem Stöpsel zum Anfassen herausgenommen werden.	Otto Maier
Steckmosaik	Ein Haus, ein Apfel, ein Schiff und noch vieles mehr kann auf einer Vorlage oder frei gesteckt werden.	Otto Maier
Quips	4 Legetafeln mit ausgestanzten Spielfeldern, in die kleine Holzspielsteine eingesetzt werden.	Otto Maier
Der bunte Pipifax	Die einzelnen Pipifaxe tragen farbige Kreise, die je nach der vom Würfel bestimmten Farbe mit kleinen Klötzchen besetzt werden.	Otto Maier

3.3. Fingerausdifferenzierung

Die Entwicklung der Hand- und Fingergeschicklichkeit vollzieht sich im gleichen Schritt mit der Entwicklung der Intelligenz. Der Gebrauch einzelner Finger verlangt die Führung und Aufmerksamkeit des Verstandes. Um das Instrument Hand für spezielle Tätigkeiten richtig einsetzen zu können, muß eine ausreichende Fingerbeweglichkeit für isolierte Teilbewegungen, vor allem im Gebrauch des Zeigefingers, gegeben sein (Abb. 29).

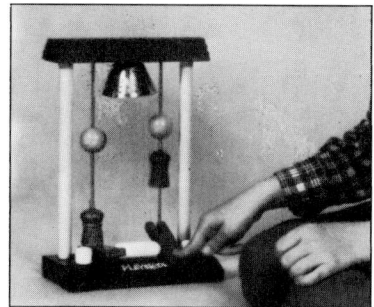

Abb. 29

Wie kann gefördert werden:

Entwicklungsalter: ab 11 Monate

Einzelne Finger durch Kinderverse oder Reime besonders herausheben. Dabei den benannten Finger anfassen, reiben und bewegen. Eine Fingerpuppe, oder Papierhütchen, auf einzelne Finger setzen und ein kleines Fingertheater ausführen.

Einzelne Finger durch ein kleines Loch stecken oder mit dem Zeigefinger auf benannte Gegenstände tippen.

Mit einzelnen Fingern auf einem Tamburin oder einer Trommel kratzen, Spinnenlaufen aller Finger über den Tisch oder Laufbewegungen zweier Finger, z. B. Zeigefinger und Mittelfinger oder Ring- und kleiner Finger.

Einzelne Finger beugen und strecken oder nach Vormachen zeigen. Fingerspiele: Daumen bück dich, Zeigefinger streck dich, Mittelfinger dreh dich, Ringfinger heb dich, Kleiner duck dich „die einzelnen Finger führen die vorgetragenen Bewegungen aus." Oder: Es sitzen zwei Tauben auf einem Dach, die eine fliegt weg, die andere fliegt weg, die eine kommt wieder, die andere kommt wieder, da sitzen sie alle beide wieder „die beiden Zeigefinger werden erhoben und gekrümmt".

Material:

Bezeichnung	Beschreibung	Hersteller
Fingerspiel	3 farbige Drehflügel können mit dem Finger bewegt werden.	Kiddicraft
Vogel — Rassel	Dieser lustige Vogel hilft, die Geschicklichkeit der kleinen Hände zu entwickeln. Eine Hand hält die Rassel, die andere dreht die Flügel.	Playskool

Bezeichnung	Beschreibung	Hersteller
Plappertelefon	Beim Drehen der Wählscheibe erklingt ein Klingelgeräusch.	Fisher Price
Registrierkasse	Spielkasse, große farbige Münzen werden eingeworfen. Beim Druck auf den Knopf springt die Kasse auf.	Fisher Price
Lokomotive	Spielzeuge, die durch einen Knopfdruck sich in Bewegung setzen	Kiddicraft
Schiff	Spielzeuge, die sich durch einen Knopfdruck in Bewegung setzen.	Kiddicraft
LKW	Spielzeuge, die sich durch einen Knopfdruck in Bewegung setzen.	Kiddicraft
Feuerwehr	Spielzeuge, die sich durch einen Knopfdruck in Bewegung setzen.	Kiddicraft
Schachtelclown	Clown in einer Schachtel, die nach Drücken mit dem Zeigefinger auf den Verschluß aufspringt.	Schowanek

3. 4. Materialbeherrschung beim Bauen

Das freie Bauen und Gestalten nach eigener Vorstellung ist für Kinder von großer Bedeutung. Bauen fördert die Phantasie, Kreativität und Handgeschicklichkeit des Kindes! Es erfährt dabei spielend die physikalischen Gesetzlichkeiten der Statik. Wenn ein Bauwerk immer wieder umfällt, merkt das Kind allmählich, wie es die Klötzchen ergreifen und draufsetzen muß.

Erstes Bauen geschieht mit wenigen Klötzen. Diese werden zunächst nebeneinander gestellt. Später wird ein kleiner Turm gebaut (Abb. 30). Selbst wenn er umfällt, wird er mit Ausdauer immer wieder neu erstellt. Ein großer Fortschritt ist erreicht, wenn das Prinzip des Überbrückens „zwei kleine Klötzchen und ein langer Klotz darüber" entdeckt wird. Das Überbrücken wird ab 4 Jahren vielfältig angewandt und verfeinert (Abb. 31).

Im Vorschulalter erwacht das Interesse am Bauen nach vorgefertigten Bausätzen und bestimmten Vorlagen. Diese Konstruktionsbaukästen schulen die Fähigkeit, Bauteile sachgerecht zu wählen, Teile eines Stückes miteinander zu verbinden, zu verschrauben, zusammenzustecken und mehrere Schritte vorauszuplanen. Dabei lernt das Kind seine Finger für differenzierte Handbetätigungen zu gebrauchen und mechanische Zusammenhänge zu begreifen.

Wie kann gefördert werden:

Entwicklungsalter: ab 1 1/2 Jahre

Wichtig ist, dem Kind richtiges, d. h. dem jeweiligen Alter angemessenes Baumaterial anzubieten. Ein Kleinkind bis 3 Jahre sollte einfache Formen bekommen. Als Material kann Naturholz „am besten Buchenholz" gewählt werden. Die Bauklötze sollen glatt sein, absolut splitterfrei und in Form und Größe zueinander passen.

Abb. 30   **Abb. 31**

Kleine Bausteine, bei denen die Kanten der Würfel eine Länge unter drei cm haben, sind für diese Altersstufe ungeeignet. Viel richtiger sind Bauklötze, deren Würfel etwa vier cm lange Kanten haben. Die Bauklötze müssen fest und sicher stehen können. Sie dürfen daher nicht zu leicht sein.

Das Wesentliche beim Bauen ist die Möglichkeit zur Gestaltung vielerlei Formen. Dabei spielen die Farben eine untergeordnete Rolle.

Die Aufgabe der Eltern erschöpft sich aber nicht nur in der Auswahl geeigneten Baumaterials. Sie können auch wesentlich dazu beitragen, die kindliche Gestaltungskraft zu fördern und zu pflegen. Nehmen Sie sich Zeit für Ihr Kind, wenn es etwas bauen will. Es braucht Lob für sein Bauwerk, es braucht den liebevollen Blick, Wärme und Fröhlichkeit, die es zu immer neuem Schaffen anregt. Dabei kann die Mutter nebenbei selbst einer Tätigkeit nachgehen (aber sicher nicht neben dem eingeschalteten Fernsehen).

Die Konstruktionsbaukästen können ab 4 bis 5 Jahre eingesetzt werden. Das Kind wird die Lernangebote allerdings nur aufgreifen können, wenn es zunächst mit den Eltern zusammen erste mechanische Konstruktionen ausprobiert und ihm einzelne Lernschritte erklärt werden.

Material:

Bezeichnung	Beschreibung	Hersteller
Baualter ab 1 1/2 Jahre		
Dr. Kietz Baukasten	Harmonisch aufeinander abgestimmte, einfache, geometrische Formen der Klötze. Besonders zu Beginn des Baualters geeignet.	Meistergilde
Stapelbauspiel I	17 verschieden geformte Elemente zum Stapeln und Bauen. Farben rot, gelb und blau.	Schildkröt
Stapelbauspiel II	32 Elemente in verschiedenen Größen und Formen. Farben rot, gelb, grün und blau.	Schildkröt
Stapelbauspiel III	42 Elemente, davon 28 Rundbausteine.	Schildkröt
Baumeister I	37 Bausteine aus Hartholz in quadratischer und dreieckiger Form.	Staneker
Bauwagen	Inhalt ca. 28 bunte Bausteine, der Wagen ist auch als Sandwagen zu gebrauchen.	Widmaier
Nopper Grundbaukasten Nr. 211	Plastikbausteine mit guter Klemmeigenschaft.	Nopper Milton Bradley
Lego Duplo-Kasten 512	Große Kopfsteine (8). In der Packung ist auch ein Fahrgestell.	Lego
Kleinkind Bauelement 1	14 einfache Elemente zum Stecken, Stapeln und Bauen. Kanten und Ecken abgeflacht.	Schildkröt
Kleinkind Bauelement 2	Erweiterung des ersten Sortiments durch Achsen, Räder, Säulen und Verbindungswürfel.	Schildkröt
Baualter ab 3 Jahre:		
Lego Duplo-Kasten 512	Kopfsteine, Bogenteile, 2 Fahrgestelle, doppelt so groß wie die üblichen Steine.	Lego
Matador-Großformat Grundkasten I	Gelochte Klötze werden mit Holzstangen verbunden und erhalten durch Räder Beweglichkeit.	Matador
Baufixbeutel	Große Holzschrauben und Muttern, mit denen kleine Verbundkonstruktionen gebaut werden können.	Baufix
Bau- und Bettwagen	Ein ziehbarer Wagen mit Bauklötzen. Der Wagen kann auch als Puppenbett genommen werden.	Meistergilde
Bausteine im Holzkasten	Verschiedene Formen. Inhalt 50 Teile aus Naturholz.	Eichhorn

Bezeichnung	Beschreibung	Hersteller
Plastikant Grundkasten	Bausystem mit Steckprinzip.	Plastikant
Lego Bausteinkoffer		Lego
Fischertechnik für das Kindergartenalter 3 bis 6 Baukästen	Relativ große Bauelemente bestehend aus den geometrischen Grundformen in den Farben rot, blau, gelb.	Fischer
Baumeister II	Bausteine aus Holz. Als neues Element tritt zu dem Kasten I der Bauwinkel hinzu.	Staneker
Baumeister III	Bausteine aus Holz, zu dem Kasten II kommt neu das Element Kreuzquader.	Staneker
Baumeister IV	Bausteine aus Holz, teilweise farbig, in einem Holzeinzeldeckel (Baufläche). Neues Element: Bauwinkel aus flachen Brettern, Platten.	Staneker
Baumeister V	Bausteine in diesem Kasten sind auch Schrauben, Schraubenschlüssel, Muttern.	Staneker
Fischer Technik	Baukasten 100 V, 139 Teile. Ein Konstruktionssystem nach bestimmten Lerneinheiten, ab 5 Jahre.	Fischer

3. 5. Schreibvorübungen

Untersuchungen über hinführende und vorbereitende Entwicklungsschritte zum Schreibenlernen haben ergeben, daß sich diese einzelnen Funktionsvollzüge dem jeweiligen Lebensalter sehr gut zuordnen lassen. Am Anfang des 2. Lebensjahres kritzelt und hantiert das Kind noch wild mit dem Stift (Abb. 32). Aber auch das zweieinhalbjährige Kind bewegt beim Zeichnen den ganzen Arm oder sogar den Körper. Später führen nur der Unterarm, dann die Hand und schließlich nur noch die Finger die Malbewegung aus. Vom eckigen Kritzeln kommt das Kind zum runden Malen, und mit drei Jahren werden erste geschlossene Formen gemalt. Mit vier Jahren gelingen schon Zickzack-Linien und einzelne Striche. Bald malt das Kind sein erstes sogenanntes „Kopffüßlermännchen". Mit fünf Jahren ist gegenständliches Malen „Sonne, Auto, Haus" möglich und erste Schreib- und Schwingbewegungen bahnen sich an. Mit Beginn der Schule sind Nerven und Muskeln der Finger, Hand, des Handgelenkes und des Armes soweit entwickelt, daß die erforderliche Koordination aller zum Schreibvorgang notwendigen Funktionen vorhanden ist.

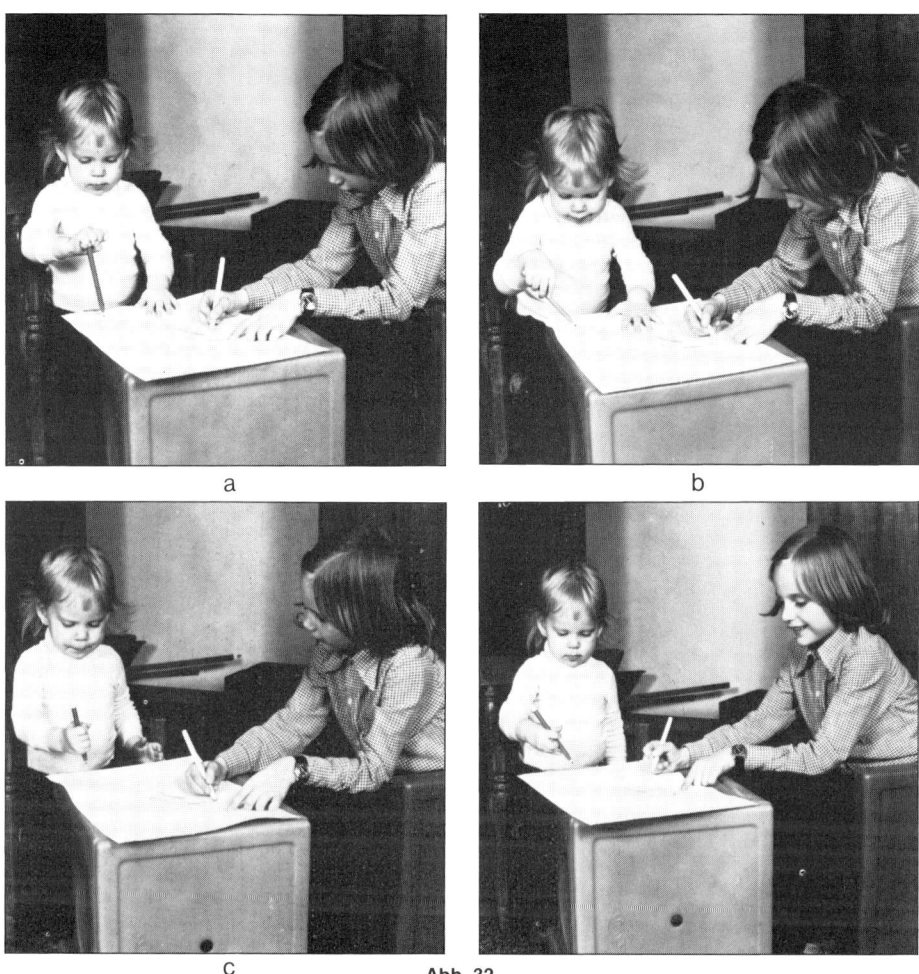

a   b

c   Abb. 32

Wie kann gefördert werden:

Entwicklungsalter: ab 18 Monate

Eine wichtige Voraussetzung für das Schreiben ist, daß das Kind Freude am Malen hat und locker mit Filzstift, Bleistift oder Kreide umgehen kann. Am günstig-
sten ist es, Papier, Stifte oder Malfarben jederzeit griffbereit für das Kind liegen
zu haben. So kann es, wann immer es das Bedürfnis hat, malen und zeichnen.
Kinder malen gerne großflächig. Dafür sind Tapetenrollen oder eine große Wandtafel notwendig (Abb. 33). Zunächst sollte das Kind einfach aus eigenem Impuls
malen, ganz ohne Hinweise oder Korrekturen. Meistens fangen die Kinder von
selbst an, irgendwelche Formen zu malen. Angeregt durch das, was sie momen-
tan beschäftigt, bekommen diese Formen Namen, d. h. sie sollen etwas Bestimmtes darstellen, auch wenn vorerst noch wenig Ähnlichkeit vorhanden ist.

Abb. 33

Die Handbewegungen gelingen dem Kind mit der Zeit immer besser. So kommt es vom Malen und Zeichnen über großräumige Schwingübungen zu ersten Schreibvorübungen.

Im Alter von 5 oder 6 Jahren drängt das Kind förmlich zum „Schreiben". Hat es bislang mehr großflächig gemalt, soll es nun zu immer kleinerer und differenzierterer Strichführung kommen. Eine gute Anfangsübung stellen die schon erwähnten Schwingübungen dar (Abb. 32). Sie dienen der Lockerung der Arm- und Handgelenkbewegungen.

Da das Übertragen von vorgegebenen Formen, Mustern und Buchstaben noch Schwierigkeiten bereitet, verkrampft sich das Kind oft sehr. Man kann diese Verspannung dadurch lockern, indem das Kind Bewegungen, die auf dem Papier ausgeführt werden sollen, zuvor ganz groß in der Luft „malen" darf. Danach werden diese kreisförmigen Schwingübungen auf eine große Wandtafel oder ein großes Stück Papier, das auf dem Tisch befestigt ist, übertragen. Vom großflächigen Malen geht man langsam zu Übungsblättern im Format DIN A 4 über. Der Zeilenabstand sollte zu Beginn 5 – 6 cm betragen.

Bei all diesen Schreibvorübungen kommt es nicht auf „schönes Malen" an. Viel wichtiger ist, daß durch Lob die Freude am Schreiben geweckt wird. Nur durch Übung wird erreicht, was als Ziel gesetzt ist: Das Schreiben von Buchstaben und Wörtern.

Beispiele für Schwingübungen:

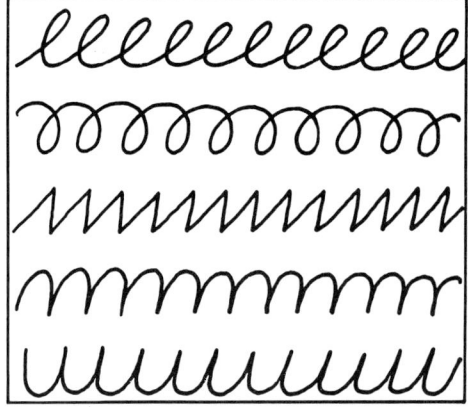

Neben den Schwingübungen kann das Abmalen von einfachen Formen als Vorbereitung zum Schreiben helfen. Für das Gelingen aller Übungen ist die Art des Schreibwerkzeuges wichtig. Am besten sind Buntstifte, Filzschreiber, Wachsmalstifte.

Material:

Bezeichnung	Beschreibung	Hersteller
Pelikan Maler	Schreib- und Malgeräte	Pelikan
Wachsmalstifte Wachsmalblöcke Fingerfarben Vorschulmalkasten mit 6 Farben	verschiedene Ausführungen	Pelikan
v. Tschinkel Heute mal ich, morgen schreib ich	Stufentraining zum Schreiben	Jugend und Volk
v. W. Löscher Schreiben vorbereiten (kritzeln schwingen spuren)	Anleitung von großräumigen Bewegungsübungen, Schwung- und ersten Schreibbewegungsformen.	Sellier
v. M. Schweda/Barbara Johnson Schreibepeter	Bewegungsformen werden spielerisch eingeübt. Vorlageblätter sind in einer Plastikmappe, die auch als abwischbare Malfläche dient.	Sellier
Spiel und Bewegung I Schreibvorübungen Spiel und Bewegung II Schreibvorübungen	In jeder Mappe liegt eine Klarsichtfolie bei. Diese Folie wird auf das Arbeitsblatt gelegt und darauf mit einem Folienstift gemalt. So kann jedes Blatt beliebig oft verwendet werden.	Widmaier
v. W. Seyd Mal die Ente an	Arbeitsmappe mit Ausmalmotiven zum Verständnis von Form-, Farbe-, Menge und der Erweiterung des Wortschatzes.	Neckar
v. A. Peter B. Longwitz „auf und ab und kugelrund"	Malbögen als Vorkurs zum Schreibenlernen. Ausmalübungen. Nachzeichnen von Konturen, erste Schwingübungen.	Herder
v. F. Schilling Spielen - Malen - Schreiben	Die Übungen vermitteln dem Kind grundlegende graphische Bewegungsformen. Sie beginnen mit einfachen Kritzelbewegungen, die dann nach und nach komplexer werden und zu den formalen Grundelementen der Buchstaben hinführen.	verlag modernes lernen
Spielend schreiben lernen	Schreibvorkurs. Durch Ausmalen der Vorlagen bzw. Nachzeichnen der roten Linien wird das Kind zur Schreibbewegung geführt.	Hagemann

3. 6. Werkzeuggebrauch

Unter Werkzeugbenutzung versteht man alle Tätigkeiten, die mittels eines Gegenstandes ausgeführt werden. Wenn das Baby die Erfahrung macht, daß es sich mittels einer Schnur sein Spielzeug wieder heranziehen kann, so bedient es sich erstmals eines Werkzeuges. Das gleiche gilt für das Essen mit dem Löffel oder den Gebrauch der Zahnbürste. Wieder später hantiert es mit einfachen Spielwerkzeugen, oder führt die ersten Schneideversuche mit einer runden Kinderschere aus. Im 4. Lebensjahr fängt das Kind an, mit einem Messer zu schneiden; ein Jahr später beherrscht es schon die Fertigkeit, sein Brot mit einem Messer zu bestreichen.

Der Umgang mit Werkzeug dient der Vorübung differenzierter, handgeschicklicher Tätigkeiten, wie sie beim Zeichnen und Schreiben erforderlich sein werden.

Wie kann gefördert werden?

Entwicklungsalter: ab 1 1/2 Jahre

Das Spiel mit dem Hammerbänkchen wird im Förderungsbereich „Handbeweglichkeit" erwähnt. Es soll deshalb hier als Beispiel die Einübung des Scherenschneidens erläutert werden:

Entwicklungsalter: ab 4 Jahre

Das Schneiden mit der Schere erfordert eine recht komplizierte Mechanik der ganzen Hand, wobei besonders der Daumen durch intensives Abspreizen und Zudrücken in Tätigkeit tritt. Zur Vorbereitung für den Gebrauch der Schere können Instrumente genommen werden, die das Kind ähnlich zusammendrücken kann. Z. B. werden mit einer Wäscheklammer hingehaltene Papierschnipsel gegriffen, mit der Pinzette Legosteine von einem Behälter in den anderen transportiert oder Spielkarten mit der Schaffnerzange gelocht. Bald kann das Kind dann erste Versuche wagen, Luftschlangen oder hingehaltene schmale Papierstreifen mit der Schere durchzuschneiden. Ein Bindfaden kann abgeschnitten werden, Hühnerfedern oder andere Federn können beschnitten werden. Aus einem vier-

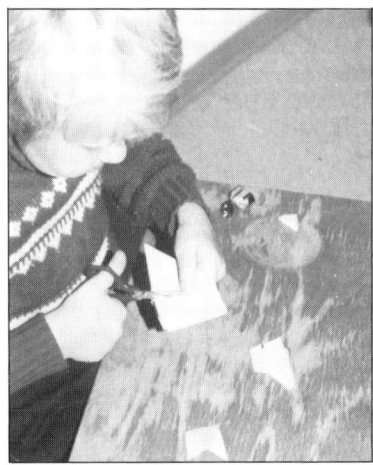

Abb. 34

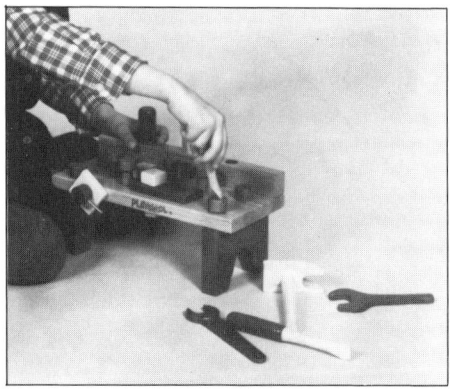

Abb. 35

eckigen Faltblattpapier kann durch einfaches Einschneiden ein Fransendeckchen hergestellt werden (Abb. 34). Erst später wird an geraden Linien entlang oder erste Kurven geschnitten.

Ist eine gewisse Sicherheit im Umgang mit der Schere erreicht, so macht es Spaß, aus Katalogen alle möglichen Bilder auszuschneiden.

Als erstes handwerkliches Arbeiten können Kinder schon ab 5 – 7 Jahren folgendes ausführen: Mit einem Hammer Nägel in weiches Holz schlagen, Schrauben mit einem Schraubenzieher ein- und ausschrauben (Abb. 35), Nägel mit einer kleinen Kneifzange herausziehen, mit einem Zollstock etwas messen, oder etwas ankleben.

Material:

Bezeichnung	Beschreibung	Hersteller
Werkbank	Durchhämmern ganz verschieden geformter Bolzen, und Andrehen kleiner Schrauben usw. ist möglich.	Kiddicraft
Baufixbeutel	Große Holzschrauben und Muttern, mit denen kleine Verbundkonstruktionen gefertigt werden.	Baufix
Matador Baukasten Grundkasten I	Gelochte Klötze werden mit Holzstangen verbunden. Um die Holzstangen wieder herauszubekommen benötigt man Werkzeug, welches mit in dem Kasten liegt.	Matador
Nagelspiel	Bunte Holztäfelchen werden mit einem Holzhämmerchen auf eine Platte genagelt.	Haba
Angelspiel	Mit einer Angel werden Fische geangelt.	Otto Maier
Glockenhütchen	Es werden bunte Hütchen geangelt, die auf eine Karte mit gleichfarbigen Punkten gesetzt werden müssen.	Spear
Jeep	Fahrzeug, an dem von den Rädern bis zu den Scheinwerfern alles mit einem Werkzeug demontierbar ist.	Playskool
Kugelbank	Mit einem Hammerkopf aus Weichplastik wird eine Kugel durch eine runde Vertiefung getrieben.	Brio
Hämmerchen-Spiel	Mit Hammer, Nägeln und Geschick entsteht ein buntes Holzmosaik.	Otto Maier
Aquarium	Bunte Fische werden mit einer Magnet-Angel aus dem Bassin geholt.	Otto Maier
Werkzeugkoffer	Koffer mit 23 Teilen. Aufziehbare Bohrmaschine mit verschiedenen Aufsätzen.	Fischer
Arztkoffer	Enthält alle Dinge, die zu einer Spieluntersuchung benötigt werden.	Fischer

3. 7. Handgelenkbeweglichkeit

Zunächst werden viele Ziel-, Wurf- und Schlagbewegungen mit dem ganzen Arm ausgeführt. Die Beweglichkeit des Handgelenks bildet sich erst allmählich heraus. Sie ist eine wichtige Voraussetzung für das Schlagen und Werfen, das Auf- und Zuschrauben, Kurbeldrehen oder für das Essen mit dem Löffel.

Wie kann gefördert werden?

Entwicklungsalter: ab 2 Jahre

Erste Schlagbewegungen lassen sich mit dem Hammerbänkchen einüben (Abb. 36). Das einfache Trommeln mit einem Kochlöffel auf einer Waschpulverdose oder einem umgekehrten Eimer dient der gleichen Funktion. Mit etwa 5 – 6 Jahren ist das Kind dann in der Lage, einen dicken Nagel in eine weiche Holzfaserplatte einzuschlagen.

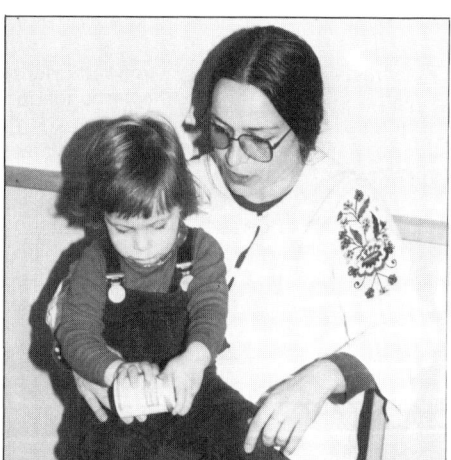

Abb. 37

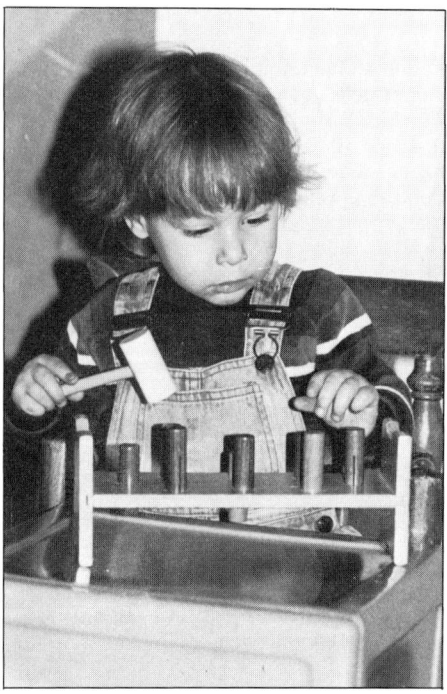

Abb. 36

Abb. 38

Das Üben von Schraub-, Dreh- und Schließbewegungen kann mit Hilfe einfacher Schraubdosen (Abb. 37) (darin liegt natürlich als Belohnung ein Gummibärchen), des Zahnradspiels von Kiddicraft (Abb. 38) oder einer kleinen Drehorgel verlockend dar geboten werden. Sobald die ersten Laufschritte gemacht werden und der Schrank als Standhilfe dient, bieten Schrankschlüssel eine natürliche Gelegenheit zum übenden Entdecken des Schließmechanismus.

Material:

Bezeichnung	Beschreibung	Hersteller
Knocky Block	Vier Plastikvollkugeln werden mit dem Hammer durch die ausgestanzten Löcher geschlagen.	Kiddicraft
Schlagspiel	Federnde Holzstäbe können mit dem Hammer durch die Löcher des Holztisches geschlagen werden.	Brio
Winden und Drehen	Auf eine gelbe Schraubenspindel werden mit unterschiedlichen Schraubenprinzipien drei verschieden geformte Schraubteile gedreht. Diese Teile stellen einen Radioknopf, eine Telefonwählscheibe sowie einen Heizungsdrehknopf dar.	Kiddicraft
Schraubenspindel	Viele bunte Schrauben werden auf einen Stab geschraubt.	Kiddicraft
Zahnradspiel	Beim Drehen eines Zahnrades mit einer Kurbel drehen sich alle anderen Räder mit.	Kiddicraft
Kiddi Tresor	Ein Haus mit farbigen Türen, die mit verschiedenen Schlüsseln aufgeschlossen werden.	Kiddicraft
Klopfkasten	4 Bolzen können mit einem Hämmerchen eingeschlagen werden.	Fischer
Schlüsselbox	Für 4 verschiedene Formen gibt es passende Schlüssel zum Einstecken.	Fischer
„Fridolin" der Wunderdrachen	Ein 50x38 cm großer Drachen aus Buchensperrholz. Mit reichhaltigem Zubehör können verschiedene Handgeschicklichkeiten daran geübt werden, z. B. Greifen, Stecken, Kordel einziehen, Knoten, Schleife binden, Druckknopf öffnen und noch mehr. Sehr vielseitig einzusetzen und stark motivierend.	Keller
Baufix-Konstruktionsmaterial	Holzbausätze mit unterschiedlichem Schwierigkeitsgrad, bestehend aus Flachleisten, Schraubwürfeln, Schrauben und Rädern.	Baufix
Matador-Konstruktionsmaterial	Bunte Holzbauteile können zu Autos, Flugzeugen, Schiffen u. a. zusammengesteckt werden.	Matador

3.8. Mechanisches Funktionsspiel

Jedes Kind schenkt von Beginn seines Lebens an allem, was sich bewegt, große Aufmerksamkeit. Alle Bewegung ist zunächst rätselhaft, und es versucht, noch unbewußt, den ihr zugrunde liegenden Mechanismus zu ergründen. Es macht Entdeckungen, wenn es noch rutschend beim Spiel kleine Autos mit „tut, tut" in Bewegung setzt oder mit den ersten Gehversuchen den Puppenwagen schiebt. Es dreht und betrachtet von Fahrzeugen die Räder, um bisher Unbekanntes zu erkunden und zu erfahren.

Spielsachen, welchen eine Mechanik zugrunde liegt, sollten so gebaut sein, daß das Kind das Funktionieren selbst ergründen kann. Der Mechanismus der Bewegung sollte dem Kind verständlich sein (Abb. 39). Kräne, Wagen, Autos und Eisenbahnen stellen notwendige Dinge dar, um mechanische Funktionen kennenzulernen, aber auch um zu neuen Spielmöglichkeiten oder zum gemeinsamen Spiel mit anderen zu kommen.

Abb. 40

Abb. 39

Wie kann gefördert werden?

Entwicklungsalter: ab 2 Jahre

2- bis 5jährige Kinder brauchen robuste Fahrzeuge. Sie sind noch ungeschickt im Umgang mit den Spielzeugen, unermüdlich im Erproben von Verwendungsmöglichkeiten und versuchen häufig, darauf zu stehen oder zu sitzen. Erst das 5- bis 6jährige Kind interessiert sich spezieller für die Mechanik und Technik. Die Mechanik, z. B. bei Kippvorrichtungen, sollte einfach und gut überschaubar sein, damit das Kind die Möglichkeit hat, die technischen Zusammenhänge zu ergründen. Wie oft ist ein Spielzeug nach solchen Untersuchungen kaputt? Von Erwachsenen wird daraus oft eine Zerstörungswut abgeleitet; es ist aber das Ergebnis des Forschertriebes beim Kind. Ist die Mechanik einfach, läßt sie sich auch leichter reparieren. Holzspielzeuge sind teuer, aber meist haltbarer als einfache Plastikspielzeuge.

Eine aus vielen Einzelheiten bestehende Holzeisenbahn ist stabil und kann in immer neuen Variationen zusammengebaut werden (Abb. 40). Mit einigem Zubehör (Häuser, Bäume, Tiere, Schranken, Tunnel) werden dann oft ganze Landschaften gebaut.

Material:

Bezeichnung	Beschreibung	Hersteller
Walze	Holzspielzeug, lenkbar, Länge 22 cm.	Keller
Holzzug	3teilig, Lok und 2 Wagen, bunt in den Farben rot, blau, gelb und grün.	Keller
Schwedenbahn I	47 Einzelteile aus Holz (gezogene und gerade Schienen, Weichen, Kreuzung, Bahnhof, Lok, 4 Wagen usw.).	Eichhorn
Schwedenbahn II	Großanlage mit 70 Einzelteilen aus Holz (Schienen, Brücken, Häuser, Weichen, Signale usw.).	Eichhorn
Schwedenbahn III	In stabilem Plastikkoffer. 30 Einzelteile aus Holz (8 gebogene, 5 gerade Schienen, 1 Weiche, 1 Brücke, 1 Lok, 3 Wagen, Signale, Häuser, Bahnhof).	Eichhorn
Personenzug	Passend zur Schwedenbahn, Länge 31 cm.	Eichhorn
Hafenanlage	39 Einzelteile zum Zusammenbauen.	Eichhorn
Flughafen	30 Einzelteile zum Zusammenbauen.	Eichhorn
Kleinstadt	Ergänzungsspielzeug zu der Bahn, zum Flughafen oder zur Hafenanlage. 40 Teile aus Holz (Häuser, Bäume, Kirche u. a.).	Eichhorn
Personenzug	Material Holz, Länge 55 cm, 8 Figuren als Reisende.	Meistergilde
Bauzüge, Güterzüge, Sattelschlepper, Autotransporter, Abschleppwagen, Feuerwehr, Autokran	Holzfahrzeuge, die meist teuer sind, aber einen hohen Spielwert und eine lange Lebensdauer besitzen.	verschiedene Hersteller
Bauzug	Lokomotive und zwei Wagen mit losen Bauteilen.	Brio
Garage	Parkhaus mit vielen Spielmöglichkeiten. Mit Fahrstuhl, drehbarer Rangierscheibe, Hebebühne und Tankstelle.	Fischer

Bezeichnung	Beschreibung	Hersteller
Autotransporter	Durchgehende Achsen, beladen mit 3 bunten Personenwagen. Holzspielzeug, 36 cm.	Keller
Muldenkipper	Holzspielzeug, durchgehende Achsen. Länge 30 cm.	Keller
Löffelbagger	Holzspielzeug, Länge 38 cm.	Keller
Greifbagger	Holzspielzeug mit Metallgreifer, der sich beim Senken automatisch öffnet, beim Anheben schließt. Das Dach ist abnehmbar und erlaubt Zugang zu der einfachen Mechanik.	Keller
Tieflader	Mit Überkopflader, durchgehende Achsen, Länge 35 cm.	Keller
Frontlader, Kipplader, Schaufelbagger, Bulldozer	Material Plastik, besonders stabil und haltbar.	Fisher Price

3.9. Ballwerfen und Fangen

Der Ball gehört mit zu dem beliebtesten Spielzeug der Kinder. Schon das Kleinkind ist von der rollenden Bewegung beeindruckt und krabbelt hinter dem Ball her. Es lernt, verschieden schnelle Ballbewegungen zu erkennen und diesen zu folgen. Je kleiner das Kind ist, um so größer soll der Ball sein. Je älter das Kind wird, um so eher wird es auch mit kleinen Bällen fertigwerden.

Die Fähigkeit, einen Ball sicher aufzufangen, entwickelt sich erst sehr langsam. Hierbei werden schon kontrollierte Anpassungsbewegungen verlangt. Die Hände werden etwa vom dritten Lebensjahr an fangbereit, aber noch mit steifen Armen dem Ball entgegengestreckt. Es fehlt dem Kind noch die Möglichkeit, sich auf die Flugbahn des Balles einzustellen. Erst nach dem 4. Lebensjahr verbessert sich bei genügend Übungsangeboten die Fangqualität, und das Kind ergreift den fliegenden Ball sicher im Zangengriff (Abb. 41). Das Fangen und Werfen im Ballspiel erfordert immer wieder vielseitige Reaktionen und verfeinert in wechselnden Situationen das Zusammenspiel von Augen und Händen.

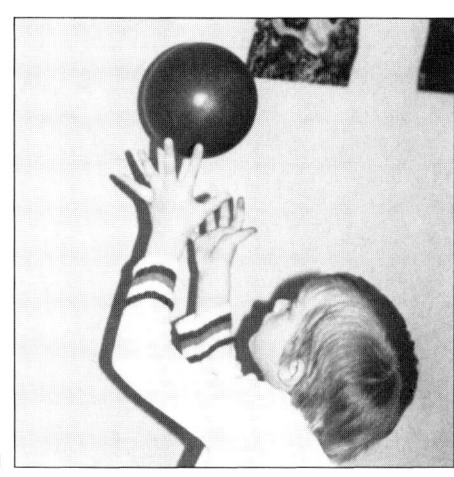

Abb. 41

Wie kann gefördert werden?

Entwicklungsalter: ab 2 1 / 2 Jahre

Geben Sie dem Kind einen Ball in die Hand, und lassen Sie es ohne jede einengende Anweisung damit spielen. Es wird ihn zunächst vielleicht rollen oder wegwerfen. Später wird es versuchen, den Ball einem Partner zuzuwerfen, ihn zu prellen usw. Mit der Zeit können kleine Aufgaben gestellt werden, die sich zum Teil auch für Spiele mit mehreren Kindern eignen:

1. den Ball im Grätschsitz sich gegenseitig zurollen.
2. Mutter und Kind werfen sich den Ball zu; Entfernung je nach Vermögen des Kindes. Der Ball wird an die Wand geworfen und wieder gefangen.
3. Sich gegenseitig einen Ball mit den Füßen zuspielen. Beim Fußballstoß lernt das Kind, seinen Haltungsaufbau und sein Gleichgewicht von den Füßen her zu steuern.
4. Das Kind versucht mit einem weichen Plüschball, Mutter oder Vater zu treffen. Anschließend versucht der Erwachsene, das Kind zu treffen.
5. Die Kinder werfen den Ball durch einen hochgehaltenen Reifen.
6. Den Ball auf glattem Boden rollen, mit beiden Händen oder nur mit einer Hand.
7. Den Ball auf einer bestimmten Linie entlangrollen.
8. Seinen Ball auf den Boden fallen lassen und ihn sofort wieder fangen.
9. Jedes Kind wirft seinen Ball ein klein wenig hoch und versucht, ihn wieder zu fangen.

Auch mit Sandsäckchen oder Stoffbällen kann Werfen geübt werden und bereitet viel Spaß, wenn ein bestimmtes Ziel getroffen wird.

Material:

Bezeichnung	Beschreibung	Hersteller
Plüschball	Durchmesser 18 cm, bunt und voll waschbar.	Käthe Kruse
Frottee-Ball	Durchmesser 18 cm, 6farbig, waschbar.	Käthe Kruse
PonPonBall	Aus schwerem Plastikmaterial mit stabilem Haltegriff , auch als Hüpfball geeignet.	Hasi

Bezeichnung	Beschreibung	Hersteller
Gymnastikball mit Innenblase	Durchmesser 70 cm, einfarbig, weiche Ausführung.	Hasi
Bälle in verschiedenen Größen		
Wasserbälle		versch. Hersteller
Sandsäckchen	Selbst herzustellen aus Inlett, Größe 10 x 20 cm und mit Salz, Sand, Weizenkörner oder Reis füllen.	
Stoffbälle	Selbst herzustellen aus alten, den Fuß vollgestopften und danach zugeknoteten Strümpfen, die mit einem 'Schweif' durch die Luft fliegen.	

3. 10. Knöpfen – Knoten – Schnüren

Mit etwa drei Jahren hat das Kind den ausgeprägten Wunsch, alles alleine tun zu wollen. Dazu gehört auch das An- und Ausziehen und zwar selbständig, ohne die Hilfe anderer. Es treten dabei gewisse Schwierigkeiten auf, wenn geknöpft werden soll, wenn Reißverschlüsse zugezogen, Druckknöpfe und Haken geschlossen oder Schuhe zugebunden werden müssen.

Wie kann gefördert werden?

Entwicklungsalter: ab 3 1 / 2 Jahre

Es ist eine allgemeine Erfahrung, daß Erwachsene ganz automatisch und viel zu schnell solche Alltäglichkeiten wie Knöpfen oder Knoten ausführen und ein Kind diese Handgriffe nicht abgucken kann. Daher ist es gut, nach dem Beispiel von Montessori rechteckige Übungsrahmen herzustellen (Abb. 42). Das Üben an einem solchen Rahmen hat den Vorteil, daß das Kind jederzeit, wenn es das Bedürfnis hat, ausprobieren kann und das Übungsmaterial direkt vor sich liegen hat.

Abb. 42

Zwei gleich große Stoffteile werden auf einen Holzrahmen genagelt oder an einem Schuhkartondeckel festgemacht (kleben oder mit Heftklammern befestigen). Sie sollen sich in der Mitte des Rahmens mit ihren Längsseiten berühren bzw. etwas überlappen. Sie können folgendermaßen verbunden werden:
Rahmen mit Reißverschluß: Der Reißverschluß wird in beide Stoffteile eingenäht.

Rahmen zum Knöpfen: Die Stoffteile werden mit einer Knopfleiste und einer Knopflochleiste versehen. Es sollen Knöpfe mit unterschiedlicher Größe verwendet werden.
Demgemäß verfährt man bei der Herstellung des Rahmens mit Haken und Ösen, des Rahmens mit kleinen und großen Druckknöpfen und des Rahmens mit verschiedenen Schnallen (dazu können alte Gürtel verwandt werden).
Bei dem Rahmen zum Knoten- und Schleifenbinden sind an den Stoffteilen für jede Schleife zwei Bänder in der Länge von ca. 50 cm zu befestigen.
Das Band der einen Seite sollte z. B. rot und das der anderen Seite blau sein. Da gerade der Vorgang des Knotens für das Kind schwierig ist, sollte dieser Ablauf in verschiedene Abschnitte eingeteilt werden.

Knoten:
1. Die Bänder ordnen. Jede Farbe liegt für sich.
2. Bänder kreuzen. Dabei liegt immer das rechte Band oben.
3. Es wird ein „Tor" gebildet, indem die liegenden Bänder hochgehoben werden. Durch dieses Tor wird mit der linken Hand das rechte Band geführt und der Knoten gebildet.
   Schleife:
   Wird der Knoten sicher geschafft, kann die Schleife geübt werden.
1. Nach dem Knoten wird mit dem Band in der linken Hand eine Schlaufe gebildet.
2. Das rechte Band wandert um die Schlaufe herum, wird doppelt in einer Schlaufe durch das kleine „Tor" durchgesteckt, und beide Schlaufenenden werden fest zugezogen. Die Schleife ist fertig.

Material:

Bezeichnung	Beschreibung	Hersteller
Anzieh-Peter	Anziehpuppe auf einem Holzsockel stehend, mit 5 kleinen Jacken zum Üben von Schnüren, Schleifen binden, Schnallen schließen, knöpfen. Mehr für eine Kindergruppe geeignet.	Eibe
Geschicklichkeitsrahmen	Für Übungen: Schnüren, Reißverschluß , Druckknöpfe.	Eibe
Geschicklichkeitsrahmen	Für Übungen: Schleifen, Knöpfe, Haken , Ösen.	Widmaier/Wehrfritz
Fädelmännchen	Holzfigur mit vielen Löchern zum Durchfädeln mit einer Holznadel.	Eibe
Anzieh-Lisel	Holzpuppe mit Haaren zum Flechten und Kordel zum Knotenbinden.	Eibe
Schlingeldingel	Runde, farbige Buchenholzscheibe mit versetzbaren Steckstiften, um die Kordeln geschnürt werden können.	Eibe

Bezeichnung	Beschreibung	Hersteller
„Fridolin" der Wunderdrachen	Ein 50x38 cm großer Drachen aus Buchensperrholz. Mit reichhaltigem Zubehör können verschiedene Handgeschicklichkeiten daran geübt werden, z. B. Greifen, Stecken, Kordel einziehen, Knoten, Schleife binden, Druckknopf öffnen und noch mehr. Sehr vielseitig einzusetzen und stark motivierend.	Keller
Anzieh-Clown	Der lustige Stoffclown bringt den Kindern spielend bei, sich selbst anzuziehen. Mit Knopf, Schnürbändern, Reißverschluß und Schnallen ausgestattet.	Fischer
Fädelfiguren (Pferdchen, Bär und Häschen)	Die mit Löchern versehenen Kunststoff-Figuren werden mit einer Schnur geschmückt.	Fischer
Fädelbrett und Fädelschnüre	Holzbrett mit 81 Lochbohrungen, durch die mit bunter Fädelschnur einfache Muster und Bilder gestaltet werden können.	Wehrfritz
Übungspuppen-Satz	4 Stoffpuppen zum Spielen und Lernen mit verschiedenartigen Verschlüssen (Druckknopf, Schnalle, Schleife, Schnüre zum Fädeln, Knöpfe)	Wehrfritz

4. Förderung in der Körpermotorik

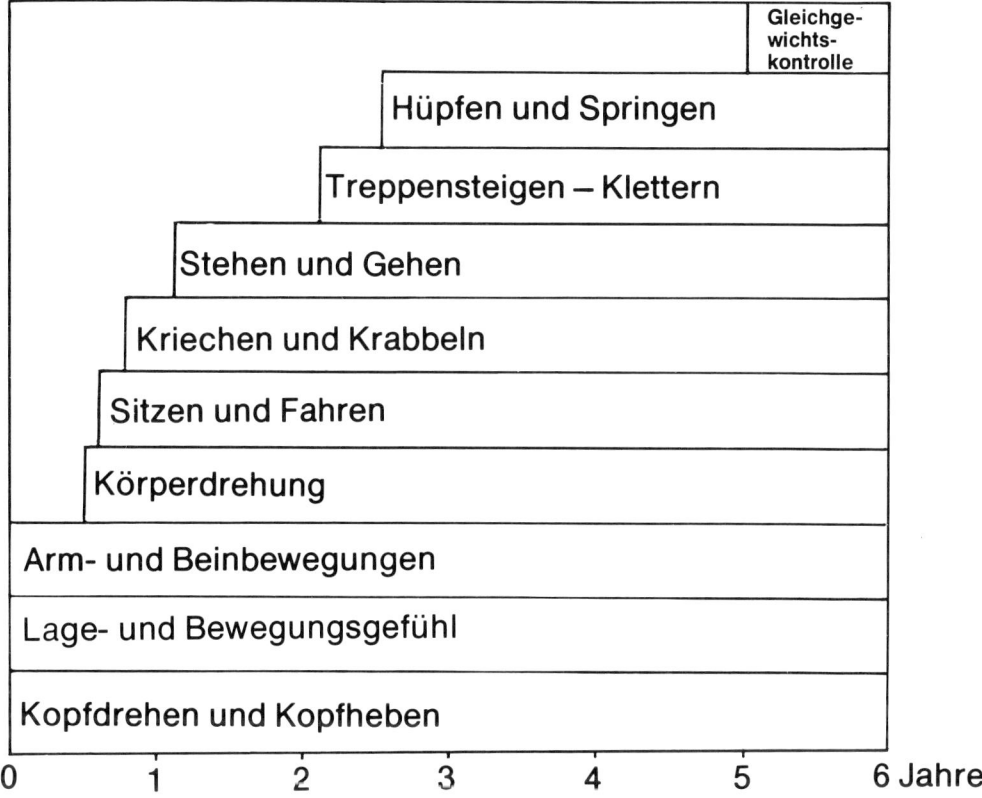

Gleichge-
wichts-
kontrolle

Hüpfen und Springen

Treppensteigen – Klettern

Stehen und Gehen

Kriechen und Krabbeln

Sitzen und Fahren

Körperdrehung

Arm- und Beinbewegungen

Lage- und Bewegungsgefühl

Kopfdrehen und Kopfheben

0   1   2   3   4   5   6 Jahre

4. 1. Kopfdrehen und Kopfheben

Wenn wir ein Neugeborenes in seinem Bettchen beobachten, so sehen wir, daß es schon recht viele Bewegungen vollziehen kann. Es bewegt seine Arme und Beine, dreht den Kopf zur Seite und kann ihn auch gelegentlich anheben. Der Kopf ist nach dem Rumpf der schwerste Körperteil des Babys. So kann man sich vorstellen, welche Leistung das Kopfheben und das Halten dieses schweren Gewichtes bedeutet. Das Baby trainiert dadurch eine ganze Reihe von Muskeln im Bereich des Nackens, der Schultern und des Rückens. Erst mit einem Vierteljahr ist es normalerweise in der Lage, sich in Bauchlage mit aufrecht gehaltenem Kopf mehrere Minuten auf die Unterarme zu stützen (Abb. 43).

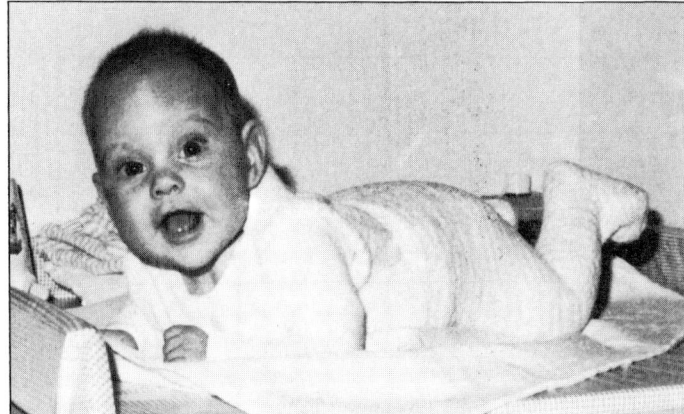

Abb. 43

Wie kann gefördert werden?

Entwicklungsalter: ab Geburt

In den ersten Lebenswochen das Köpfchen beim Tragen oder Hochnehmen aus dem Bett immer mit einer Hand halten. Das Baby oft auf den Bauch legen, da es in dieser Lage immer wieder sein Köpfchen zu heben versucht.

Dem Kind in Rückenlage öfter die Hand unter den Rücken legen, damit das aktive Heben von Kopf und Schulter erreicht wird.

Seitliche Bewegungen des Kopfes werden am besten erreicht, wenn man eine bunte Rassel oder einen leuchtenden Gegenstand im Blickwinkel des auf dem Bauch oder auf dem Rücken liegenden Kindes allmählich nach beiden Seiten bewegt, damit das Köpfchen diesen angebotenen Reiz verfolgt.

In Rückenlage das Kind an beiden Armen langsam hochziehen und wieder zurücklegen. Dadurch soll erreicht werden, daß es den Kopf mitnimmt. Das Kind in Bauchlage auf beide Unterarme stützen.

4. 2. Lage- und Bewegungsgefühl

Das Baby empfindet sich selbst durch die Art, wie es beim Aufnehmen, Stillen, Wickeln und Anziehen berührt, angefaßt und bewegt wird. Mütterliche Hautkontakte vermitteln ihm die für sein seelisches Gedeihen notwendige Geborgenheit. Die schaukelnden Bewegungen in den Armen der Mutter fördern außerdem die für die Gesamtentwicklung so überaus wichtigen Lage- und Bewegungsempfindungen. Wissenschaftliche Untersuchungen haben ergeben, daß Kinder, die viel herumgetragen wurden (damit ist nicht die Verwöhnungssituation gemeint), eine größere Bewegungssicherheit zeigen und auch intellektuell größere Fortschritte machen.

Wie kann gefördert werden?

Entwicklungsalter: ab Geburt

Eltern sollten das Baby auf möglichst verschiedene Weise herumtragen. Z. B. auf dem Arm schaukeln oder wiegen, auf den Arm oder auf die Schulter setzen. Beim Tragen den Schrittrhythmus, das Tempo und die Richtung ändern. Das Baby soll jede Änderung Ihrer Bewegung mit all seinen Sinnen mitempfinden. Wiederholen Sie die Bewegungen, bei denen das Kind freudig reagiert, und lassen Sie es allmählich bewußt mitspielen. Auch Musik kann die wiegende Bewegung auf dem Arm noch verstärken. Die Wiege kommt dem Bedürfnis des Kindes nach gleichmäßiger, ruhiger Bewegung entgegen und sollte, wenn irgend möglich, das Körbchen oder das Gitterbettchen ersetzen.
Nutzen Sie jede Gelegenheit, den Säugling auf Ihre bloße Haut zu legen. Wiegen Sie ihn behutsam hin und her. Das gibt Sicherheit und Wohlgefühl. Vermeiden Sie Hast und Hektik oder abrupt unterbrochene Bewegungen. Dieses verängstigt das Kind und bringt Unsicherheit und Unwohlsein. Das Babytragetuch bietet eine gute Möglichkeit, einen engen Kontakt zwischen Mutter und Kind zu vermitteln. Das Baby kann dabei in aller Geborgenheit die Bewegungen der Mutter miterleben.

Abb. 44

Wenn das Kind in diesem Tragetuch, auf den Hüften sitzend, getragen wird, hat es zudem das Gesicht seiner Mutter ständig im Blickfeld. So gelingt es ihm schon sehr früh, die Mutter, zunächst im wörtlichen Sinne, später aber auch im übertragenen Sinne zu „begreifen".

Weitere Übungen zur Förderung der Lage- und Bewegungssinnes:
Das Kind wird für kurze Zeit über die Schultern des Erwachsenen gelegt, der sich mit ihm dann bewegt.
Der Erwachsene hebt das Kind hoch über seinen Kopf und läßt es wieder herunter. Dabei gebraucht er möglichst immer dieselben Worte wie: „Rauf – runter."
Das Kind wird auch einmal vorsichtig in die Luft geworfen und liebkost, wenn es wieder aufgefangen wird.
Der Erwachsene läßt das Kind wie ein Flugzeug durch die Luft sausen oder spielt mit dem Kind auf dem Schoß das „Hoppe-hoppe-Reiter-Spiel".

Material:

Bezeichnung	Beschreibung	Hersteller
Didimos Babytragetuch		E. Hoffmann
Rebosso Babytragetuch		U. Streicher
Wiegen und Wiegenkufen für bisher auf Rädern stehende Stubenwagen		Rinker
Babyrucksack Babytragetasche		versch. Hersteller

4. 3. Arm- und Beinbewegungen

In unermüdlichem Bewegungsdrang beugt und streckt der Säugling seine Arme und Beine. Diese Bewegungen sind zur Kräftigung der Muskulatur notwendig. Ferner sind sie Ausdruck der Freude und des Wohlbefindens und fördern die allgemeine Entwicklung.

Wie kann gefördert werden?

Entwicklungsalter: ab 4 Wochen

Für das Lernen der Bewegungen spielt die Lagerung des Kindes eine besondere Rolle. In den ersten Lebensmonaten braucht das Baby wechselnde Lagereize. Zwar sollte es vorwiegend auf dem Bauch liegen, da es so am besten seine muskulären Haltekräfte im Schulter- und Nackenbereich übt. Aber die Bauchlage sollte auch mit Rücken- und Seitenlage gewechselt werden.

Die Unterlage des Bettchens soll straff elastisch sein (nicht zu hart und nicht zu weich), damit die Eigenbewegungen einen gewissen Widerstand finden. Um sich richtig bewegen zu können, braucht das Baby natürlich genügend Bewegungs-freiheit. Daher darf es nicht fest eingepackt sein, sondern im Strampelanzug oder bei entsprechender Temperatur nur in der Windelhose, teilweise auch ohne Zudecke. liegen.

Um Kraft und Beweglichkeit der Beine zu fördern, soll man die Fußsohlen des Kindes ein wenig kitzeln, sanft mit einer Bürste darüberstreichen oder mit dem Fingernagel an der Fußsohle entlangfahren. Ein leichter Druck mit der Handflä-che auf die Fußsohlen löst beim Baby eine Bewegungsantwort durch Strampeln aus. Beugen und strecken Sie abwechselnd sehr sacht die Beinchen, indem Sie die Fußgelenke fassen (Abb. 45). Eine vollständige Streckung ist noch nicht mög-

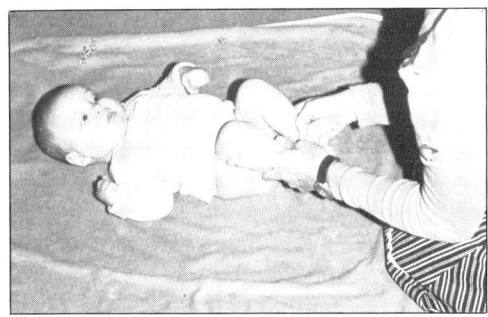

Abb. 45

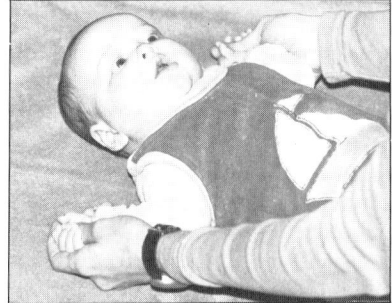

Abb. 46

lich. Üben Sie langsam und geduldig. Machen Sie keine ruckhaften Bewegun-gen, und gehen Sie niemals gegen den Widerstand des Säuglings vor. Sie kön-nen auch beide Beinchen gleichzeitig beugen und strecken.

Auch die Kraft und Bewegungsfähigkeit der Arme sollte frühzeitig unterstützt werden. Legen Sie das Baby dabei auf den Rücken. Lassen Sie es Ihre Daumen umklammern (Abb. 46). Halten Sie noch zusätzlich die Unterärmchen fest, führen Sie diese hoch und legen Sie sie dann neben das Köpfchen. Wenden Sie auch dabei keinen Druck an. Dann führen Sie die Arme wieder zurück und legen sie neben die Hüfte. Überkreuzen Sie hin und wieder die Arme, indem Sie sie nach außen führen, so daß sie die Unterlage der Wickelkommode berühren. Diese Arm- und Beinübungen sind zwei bis dreimal nach dem Wickeln oder Baden durchzuführen.

4. 4. Körperdrehung

Das Sich-Herumwälzen vom Bauch auf den Rücken oder umgekehrt stellt im Grunde die erste Fortbewegungsart des Säuglings dar. Dazu ist eine schrauben-förmige Bewegung zwischen Becken und Schultergürtel notwendig. Mit Hilfe die-ser Längsdrehung kann das Kind seine Körperlage erstmals selbst verändern. Dieser Bewegungsvollzug ist Voraussetzung sowohl für das Krabbeln als auch für das Sitzen.

Wie kann gefördert werden?

Entwicklungsalter: ab 6 Monate

Rollen Sie langsam den Säugling vom Rücken auf den Bauch und wieder zurück. Dreimaliges Üben genügt.
Lassen Sie ihn einen Ihrer Finger fassen, und ziehen Sie ihn daran in die Seitenlage. Dann lassen Sie ihn langsam wieder zurückrollen.
Wenn das Kind auf dem Rücken liegt, zeigen Sie ihm ein Spielzeug und legen dieses knapp außer Reichweite, damit es sich herumrollen muß, um es zu bekommen.
Liegt das Baby auf dem Bauch, so halten Sie seitlich im Blickfeld ein beliebtes Spielzeug hin und bewegen dieses langsam über dem Kind zur anderen Seite. Dabei soll erreicht werden, daß das Baby sein Spielzeug verfolgt und sich auf den Rücken rollt.

4. 5. Sitzen und Fahren

Zunächst sitzt der Säugling nur, wenn er hochgezogen oder hingesetzt wird. Dabei ist der Rücken noch krumm. Häufig stützt er sich mit beiden Händen ab. Mit neun Monaten kann ein Säugling normalerweise für kurze Zeit frei und mit aufrecht gehaltenem Kopf sitzen. Er benötigt dazu viel Konzentration, um das Gleichgewicht zu halten. Der jetzt noch nicht ganz gestreckte Rücken zeigt, daß die neuerworbene Fähigkeit noch nicht voll entwickelt ist. Die Entwicklung des Sitzens hat ihren Abschluß erreicht, wenn das Kind auch durch Anheben der Beinchen sein Gleichgewicht nicht mehr verliert und mit geradem Rücken und gestreckten Beinen lange sitzen kann. Dann wird es auch ohne Balanceschwierigkeiten auf einem Rutscherauto oder Schaukelpferd sitzen können. Auf dem Schaukelpferd muß das Kind sitzend und oft ohne Kontakt der Füße zum Boden sein Gleichgewicht halten können (Abb. 47).

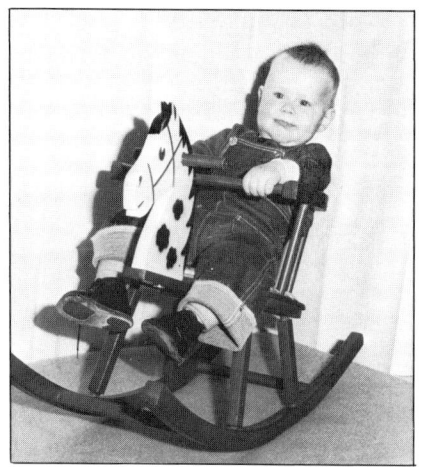

Abb. 47 **Abb. 48**

Etwa mit 3 Jahren ist es soweit, daß es im Sitzen die Tretbewegung ausführen kann und ein Kettcar oder Dreirad haben sollte (Abb. 48). Das Kettcar- und Drei-radfahren erfordert gleichzeitig auch die Fähigkeit, mit den Händen zu lenken. Das gleichzeitige Treten und Lenken überfordert kleine Kinder zuallermeist. Erst die Übung macht den Meister.

Wie kann gefördert werden?

Entwicklungsalter: ab 7 Monate

Das Baby läßt sich etwa im 7. Monat gerne an den Händen zum Sitz hochziehen. Dabei soll es den Kopf zwischen die Schultern ziehen und ihn mit anheben. Spä-ter wird man nur noch beide Zeigefinger zum Hochziehen anbieten. Das Baby klammert sich daran fest und zieht sich mit eigener Kraft zum Sitz hoch. Jetzt

kann man quer über das Bettchen oder den Laufstall etwas hängen, an dem sich das Kind hochziehen kann, z. B. „Klim-bim". Um das Gleichgewicht im Sitzen zu üben, kann ein Spielzeug vor oder neben das sitzende Kind gelegt werden, so daß es sich nach vorn oder zur Seite beugen und abstützen muß, um an das Spielzeug zu gelangen.
Bereitet dem Kind das Alleine-Sitzen keine Schwierigkeiten mehr, kann es auf ein Schaukel- oder Schwingpferd (Abb. 49), Dreirad und Kettcar gesetzt wer-den.

Abb. 49

Material:

Bezeichnung	Beschreibung	Hersteller
Rutscherauto	Robustes Auto aus Kunststoff mit 6 stabilen Rädern für Haus und Garten.	Fisher Price
Sitz- und Spielbauklötze	Als Hocker oder Tisch zu verwenden. Sitzhöhe 25 cm, 36 cm breit, 34 cm tief, 40 cm hoch. Material Kunststoff in den Farben rot und blau.	Hasi

Bezeichnung	Beschreibung	Hersteller
Schaukelwippe	Ein Schaukelbrett zum Wippen aus rotem Kunststoff. Wird die Rundung der Wippe nach oben gelegt, kann sie auch als Brücke zum Daraufgehen oder -liegen verwendet werden. 120 cm lang für ein oder mehrere Kinder.	Hasi
Wiegenschaukel	Stahlrohrkonstruktion, Sitze und Lehnen aus Buchenholz. Sicher auch für Kleinste, da die Schutzbügel Halt geben. Länge 135 cm, Breite 75 cm, Höhe 65 cm.	Wehrfritz
Zweisitz-Kleinschaukel	Ein Schaukelgerät für 2 Kinder, das sowohl drinnen wie draußen eingesetzt werden kann. Kunststoffausführung.	Wehrfritz
WEHRFRITZ Wipp-Auto „Monza"	Ein Federgerät, das besonders auch kleineren Kindern Sicherheit gibt.	Wehrfritz
Schaukelpferd	Verschiedene Ausführungen.	verschiedene Hersteller
Kettcar	Verschiedene Ausführungen.	verschiedene Hersteller
Handwagen	Eine Metallwanne auf Rädern, in die sich das Kind setzt und gezogen wird.	Kettler
Hängeschaukel	Verschiedene Ausführungen.	verschiedene Hersteller
Schaukelring	Aus Plastik mit Sitzfläche und verstellbarer Aufhängung.	Big
Dreirad	Neuartiges Dreirad mit Überrollbügel, hochgezogenem Sportlenker und extra starken Ballonrädern. Sehr standsicher.	Bethäuser
Gleitrollbrett „Flizzi"	Ein farbig lackiertes Brett auf Kugellagerrollen mit dem das Kind sich sitzend oder liegend fortbewegen kann.	Schäfer
Netzschaukel	Netzwerk, wahlweise auch Segeltuch mit Aufhängung zum Schaukeln.	Schäfer

4. 6. Kriechen und Krabbeln

Unter Kriechen versteht man das Vorwärtsgleiten, bäuchlings, in der Art des Robbens (Abb. 50). Normalerweise beginnt es sich zwischen einem halben und einem dreiviertel Jahr zu entwickeln. Damit erreicht das Kind bereits eine Möglichkeit, sich zielgerichtet und willkürlich fortzubewegen. Das Baby liegt dabei

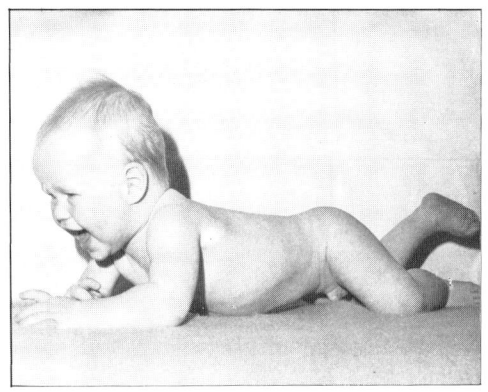 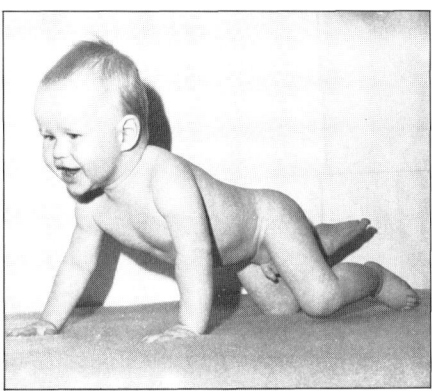

Abb. 50   **Abb. 51**

auf dem Bauch, der Oberkörper ist angehoben. Auf die Unterarme gestützt, zieht es seinen Körper auf dem Boden nach. Ein wenig später hebt es ihn immer wieder von der Unterlage ab. Es stützt sich nur noch auf die Hände und Knie (Abb. 51). Diese Haltung ist die Ausgangsposition für das Krabbeln. Durch Vorwärts- und Rückwärtswippen in dieser Stellung übt sich das Baby im Verlagern des Gleichgewichtes, das zum späteren Vorwärtskrabbeln notwendig ist.

Wie kann gefördert werden?

Entwicklungsalter: ab 9 Monate

Anreiz zu ersten Kriech- und Krabbelversuchen kann durch attraktives Spielzeug gegeben werden, das in nicht zu großer Entfernung liegt (Ball, fahrbares Tier, Auto, Lieblingsspielzeug an der Schnur usw.). Es wird mal hier-, mal dorthin gelegt, um den bäuchlings liegenden Säugling zur Fortbewegung zu motivieren. Es sollte aber nahe genug sein, damit der Willensimpuls zur Vorwärtsbewegung noch gegeben ist. Dreht sich das Kind trotz aller Bemühungen nur karussellartig auf der Stelle, ohne dabei vorwärtszukommen, so kann man versuchen, den Beinen an den Fußsohlen Halt zum Abstoßen zu geben.
Das Krabbeln müßte von alleine kommen. Wenn es sich gegen Ende des 1. Lebensjahres noch nicht zeigt, sollte der Kinderarzt gefragt werden, ob spezielle Entwicklungshilfen gegeben werden müssen.

Material:

Bezeichnung	Beschreibung	Hersteller
Lokomotive, Schiff, Feuerwehr, Polizeiwagen	Spielzeuge, die durch einen Knopfdruck sich in Bewegung setzen und als Anreiz zum Krabbeln geeignet sind- Begleitet werden sie von einem pfeifenden Geräusch.	Kiddicraft
Schiff, LKW, Feuerwehr, Lokomotive	Spielzeuge mit gleichem Mechanismus wie oben erwähnt, ohne Geräusch.	Kiddicraft

4. 7. Stehen und Gehen

Ein Kind richtet sich dann auf, wenn es in der Lage ist, sein eigenes Gewicht zu tragen. Das erste, was es dabei lernt, ist das Hochziehen zum Stand. Aus der knieenden oder halbknieenden Haltung heraus bringt das Kind ein Bein nach vorne, setzt den Fuß auf und zieht sich an den Händen hoch. Das Stehen ohne Anhalten und der erste freie Schritt sind schwierige Gleichgewichtsproben, die vieler Versuche bedürfen. Mit jedem Schritt übt es seine Körperbeherrschung, bis es balancesicher gehen kann.

Wie kann gefördert werden?

Entwicklungsalter: ab 13 Monate

Als Vorübung für das spätere Stehen fassen Sie dem Kind unter die Achseln, während es seine Füße gegen den Boden stemmt. Dadurch wird es verlockt, fortlaufende Stoßbewegungen gegen die Unterlage auszuführen. So entstehen federnde Hüpfer in Art des Tänzelns. Sie können Ihr Baby auch auf dem Schoß tänzeln lassen.
Ein Spielzeug bietet immer einen Anreiz zur Bewegungsförderung. Hängen Sie seitlich am Gitterbettchen ein begehrtes Spielzeug auf. Das Kind wird sich seitlich aufstützen und sich mit der anderen Hand am Gitter zum Sitz hochziehen.
Legen Sie den Teddy auf einen Stuhl, so daß das Kind ihn nur erreichen kann, wenn es sich in den Kniestand hochzieht. Wird der Kniestand bewältigt, so wird es sich bald an den angebotenen Händen, Zeigefingern oder am Gitter in den Stand hochziehen. Man kann auch ein Lieblingsspielzeug sichtbar auf den Tisch legen und damit einen Anreiz zum Hochziehen in den Stand geben. Als Übergang zum freien Gehen kann das Kind einen Kinderwagen schieben. Oft reicht schon ein Stuhl mit Filzuntersetzern, den es auf glattem Boden beliebig herumschieben kann (Abb. 52).
Faßt man das Kind an beiden Händen, so kommt es zu den ersten Gehversuchen. Die Schritte sind allerdings noch zögernd, unsicher und breitbeinig.
Lassen Sie das Kind zunächst ein oder zwei Schritte zwischen Vater und Mutter hin- und herlaufen; erweitern Sie dann allmählich die Entfernung.
Winken Sie im Schrittabstand mit einem begehrten Gegenstand, und entfernen Sie sich langsam, um das Kind damit zu ersten Schritten zu verlocken.

Kleine Kinder unterbrechen häufig ihr Laufen durch Krabbeln.
Das entspricht der Naturnotwendigkeit und sollte nicht unterbunden werden. Hat es eine gewisse Gangsicherheit erreicht, so sollte das Kind auf verschiedenarti-

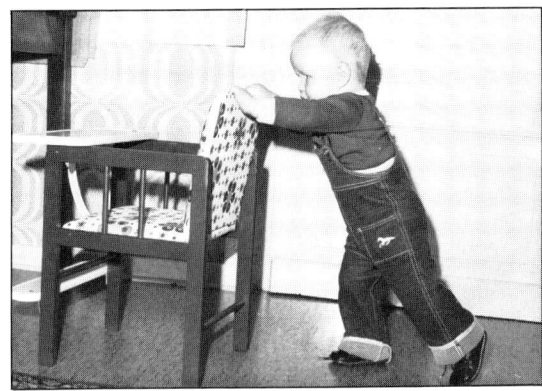

Abb. 52

gen Bodenflächen (Kissen, Decken, Matratzen, Teppich, Sand) barfuß laufen. Dadurch werden seine Gleichgewichtsreaktionen immer wieder neu herausgefordert. Auch das Überwinden einer leichten Steigung, das Übersteigen kleiner Hindernisse, das Gehen mit einem Gegenstand in der Hand, das Nachziehen von fahrbaren Spielzeugen, all das fördert und festigt die Sicherheit im Laufen.
Gehrahmen bilden insofern eine unnatürliche Lernsituation, als das Kind nicht gezwungen ist, das Gleichgewicht gleichzeitig aufrechtzuerhalten. Der Gebrauch von Gehrahmen sollte nur nach Rücksprache mit dem Arzt bei bestimmten Entwicklungsverzögerungen angewandt werden.

Material:

Bezeichnung	Beschreibung	Hersteller
Glockenroller	Spielzeug zum Schieben mit einem Stock. Beim Schieben oder Ziehen ertönt ein Glockenspiel.	Fisher Price
Baby-Walker	Ein robustes Fahrzeug, das dem Kind die ersten Gehversuche erleichtert.	Kiddicraft
Kullerix	Spielzeug zum Nachziehen.	Kiddicraft
Jungle Jeep	Ein bunter Jeep, der rattert und knattert, wenn man ihn zieht. Die Figuren im Jeep können herausgenommen werden.	Kiddicraft
Hase, Wackelente, Pilzkarussell, Kugelkarussell	Holzspielzeug in bunten Farben zum Nachziehen.	Kiddicraft
Puppenwagen	Verschiedene Ausführungen.	versch. Hersteller
Schubkarre	Verschiedene Ausführungen.	versch. Hersteller

4. 8. Treppensteigen – Klettern

Hat das Kind Krabbeln und Laufen gelernt, erobert es sich nun neuen Lebensraum. Die Wege gehen in andere Zimmer oder in andere Stockwerke. Dabei müssen Treppen und andere Hindernisse bewältigt werden. Das Treppensteigen erfolgt zuerst mit Handfassung am Geländer im Nachstellschritt. Wesentlich schwieriger ist das Abwärtssteigen. Bei geringer Höhe der Treppenstufen und nicht allzu großer Steigung wird im Hinaufgehen bald der Wechselschritt versucht. Auch das anfänglich tastende Abwärtssteigen mit Handfassen und Nachstellschritt wird eines Tages ebenfalls durch den wechselnden Gebrauch der Beinchen, aber noch mit Handsicherung am Geländer, abgelöst. Schließlich gelingt das freie Treppensteigen auf- und abwärts fußabwechselnd flüssig und ohne große Mühe. Im Laufe der Entwicklung gewinnt das Kind auch die Fähigkeit, kleine Hindernisse oder Gräben zu übersteigen. Es beginnt, auf alle möglichen Sitzgelegenheiten hinaufzuklettern, bis es am Ende in der Lage ist; Leitern, Rutschen und Klettergeräte, wie sie auf dem Spielplatz vorhanden sind, sicher und gefahrlos zu bewältigen.

Wie kann gefördert werden?

Entwicklungsalter: ab 22 – 24 Monate

Auf jeder kleinsten Höhe empfindet das Kind aber zunächst Unsicherheit. Deshalb zwingen Sie Ihr Kind nie zu Aufgaben, zu denen es noch nicht bereit ist. Beginnen Sie so einfach wie möglich. Lassen Sie das Auf- und Absteigen erst an einer einzigen niedrigen Stufe probieren (Abb. 53). Kleine Kinder werden am ehesten mit der Treppe vertraut, wenn sie diese – Stufe für Stufe – zunächst einmal mit Krabbeln bezwingen.

Geben Sie dem Kind – wenn nötig – beim aufrechten Treppensteigen durch Handanfassen Halt und fordern Sie es auf, mit der anderen Hand sich am Geländer zu sichern.

Abb. 53

Abb. 54

Daneben sollen vielfältige Gelegenheiten zur Bewältigung anderer Steige- und Kletteraufgaben in der Wohnung zur Verfügung stehen. Couch, Sessel, Hocker, Stuhl und Bett bieten Möglichkeiten dazu. Später kann man auch Fußbank, Schemel, Kisten, Truhen, Stuhl und Tisch zu regelrechten „Kletterlandschaften" kombinieren (Abb. 54).

Es kann eine Leiter auf den Fußboden gelegt werden, über deren Sprossen das Kind steigt. Später legt man sie auf zwei Ziegelsteine, wobei das Kind nun schon eine kleine Höhe auf allen vieren oder sogar aufrecht überwinden muß (Abb. 55). Weitere Spiele sind:

Übersteigen von Kissen oder Schaumstoffstücken, Steigen durch ein oder zwei senkrecht gehaltene große Reifen, Steigen in einen über den Boden waagerecht gehaltenen Reifen, Hinaufsteigen auf eine kleine Haushaltsleiter, Klettern an Klettergerüsten auf dem Spielplatz.

Abb. 55

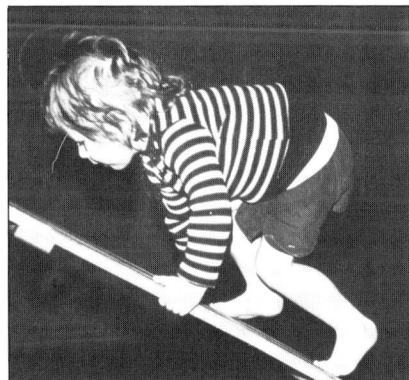

Abb. 56

Je mehr Gelegenheit Sie Ihrem Kind zum Steigen und Klettern geben, um so eher lernt es, seine körperliche Leistungsfähigkeit einzuschätzen (Abb. 56). Dadurch wird es vor gefährlichen Kletterausflügen bewahrt, die es am Ende nicht bewältigen kann. Mit jedem Hinaufklettern ist zwangsläufig auch das relativ schwierige Hinunterklettern verbunden. Helfen Sie Ihrem Kind, die Erfahrung zu machen: Ich kann nur da hinauf, wo ich auch selbst wieder herunterkomme.

Material:

Bezeichnung	Beschreibung	Hersteller
Schemelsatz	Ein Satz besteht aus 3 ineinanderzustellende Schemel, die in bunt oder natur zu haben sind. Zum Treppensteigen, Übersteigen verschiedener Höhen oder zum Springen zu gebrauchen. Umgedreht als Spielzeugkiste zu benutzen.	Widmaier
Leitern	Verschiedene Ausführungen.	versch. Hersteller
Reifen	Verschiedene Ausführungen.	versch. Hersteller
	Klettergeräte auf dem Spielplatz	

4. 9. Hüpfen und Springen

In der Entwicklung des Kindes folgen nach dem Steigen und Klettern ausdauernde Versuche des Hüpfens und Springens. Das Kind beginnt meist mit dem Herabspringen, weil hierbei die Absprungkraft nur in relativ geringem Maße erforderlich ist. Dabei hat es zunächst erhebliche Schwierigkeiten, sein Körpergewicht federnd in den Gelenken abzufangen. Deswegen werden zum Abfangen des Fallgewichts außer den Füßen auch die Hände benutzt. Diese Landestellung gibt dem Kind mehr Sicherheit, weil es sein Körpergleichgewicht stehend im Anfang einfach noch nicht beherrschen kann.
Hochspringen, Weitspringen und Überhüpfen erfordern schon erhebliche Beinkräfte, damit das Abheben des ganzen Körpers gelingt (Abb. 57). Mit zunehmender Sprungkraft werden auch kleine Gräben oder Hindernisse aus dem Stand, später mit Anlauf im Schrittsprung, überwunden.
Einbeiniges Hüpfen wird sehr viel später ausprobiert, zunächst auf dem Lieblingsbein, aber dann auch auf dem anderen.

Wie kann gefördert werden?

Entwicklungsalter: ab 2 1/2 Jahre

Bei den ersten Sprüngen ist es gut, dem Kind Handhilfe zu geben. In der Wohnung gibt es genügend Möglichkeiten, die das Kind für Sprung- und Hüpferfahrungen nutzen kann. Das Herabhüpfen wird meist zuerst von der untersten Treppenstufe gewagt. Bei Spaziergängen können Bordkanten oder Backsteine als Absprung dienen.
Es kann auch beidfüßig über eine am Boden liegende Schnur gehüpft werden. Ermuntern Sie Ihr Kind, auf ein Taschentuch, ein Schaumstoffstück oder auf eine Teppichfliese zu springen.

Auch können Schluß- und Anlaufsprünge (Abb. 58) über eine bestimmte Weite (Markierung durch Seile, Zollstock) oder über eine bestimmte Höhe (Kissen, Schaumstoffstücke) ausgeführt werden. Um das Hochspringen zu üben, befestigen Sie etwas Verlockendes (ein Bonbon) etwa über der Greifhöhe des Kindes an einer Schnur. Es soll im Hochspringen mit der Hand berührt oder herunterge-

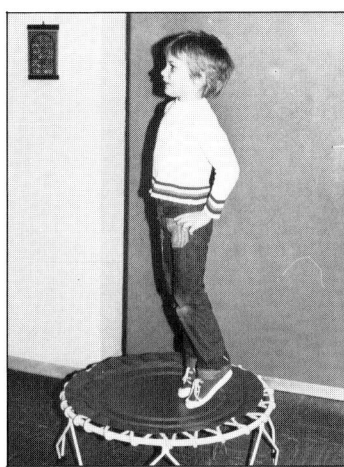

Abb. 57   Abb. 58   Abb. 59

holt werden können. In der Kirschenzeit können auch die untersten Kirschen am Baum auf diese Weise geangelt werden. Lassen Sie das Kind beidbeinig vorwärtshüpfen (Häschen-hüpfen, Frosch-hüpfen).
Beidbeiniges Hüpfen kann auf einer federnden Unterlage geübt werden (Springbrett oder Kleinsttrampolin) (Abb. 59).
Abwechselndes Vorwärtshüpfen von einem Bein auf das andere macht besonderen Spaß, wenn es nach Musik ausgeführt wird.

Material:

Bezeichnung	Beschreibung	Hersteller
Kleinst-Trampolin	Elastische Springfläche auf aufblasbarem Unterbau. Durchmesser 70 cm, 25 cm hoch.	Dusyma
Kleinst-Trampolin	Stahlrohrgestell mit einem elastischen Springtuch. Durchmesser 70 cm, Höhe 28 cm.	Heintze
Pon Pon-Ball	Spring- und Hüpfball aus Plastikmaterial mit stabilem Haltegriff.	Hasi
Hüpfseil		versch. Hersteller

Bezeichnung	Beschreibung	Hersteller
Holzgymnastiksteine	Aus Massivholz hergestellt. Größe: 30x12x8 cm. Mit 2 Löchern und einer Rille zum Kombinieren mit Gymnastikstäben und Gymnastikreifen. Für Spiel- und Bewegungsbahnen zum Hüpfen, Springen und Klettern.	Eibe
Känguruh-Hüpfball	Erhältlich in verschiedenen Größen. Das Kind sitzt auf diesem großen Ball, kann sich an zwei Griffen festhalten und bewegt sich hüpfend weiter.	versch. Hersteller
Schaumstoff-Bausteine	Größe 10 x 20 x 30 cm, als Sprunghindernisse zu nehmen, können in Kaufhäusern zurechtgeschnitten werden.	selbst herzustellen

4. 10. Gleichgewichtskontrolle

Das Balancieren auf schmalen Stegen und auf Balken, auf einem wackligen Untergrund (Sportkreisel) bereitet jüngeren Kindern noch erhebliche Schwierigkeiten. Dagegen macht es ihnen Freude, auf Bordsteinen, niedrigen Mauern oder Baumstämmen das Gleichgewicht zu halten. Daraus wird deutlich, daß die Aufgaben dem jeweiligen Können des Kindes entsprechen müssen. Es ist gut, wenn es nach Erreichen eines Leistungszieles von selbst zu schwierigen Aufgaben drängt.
Fahrzeuge und Geräte, mit denen man sich vorwärtsbewegen kann, sind bei al-

Abb. 60   Abb. 61   Abb. 62

len Kindern beliebt und üben eine große Faszination aus. Jedes Kind ist stolz, wenn es selbst einen Roller lenken oder sich auf einem „Pedalo" fortbewegen kann (Abb. 60).

Wie kann gefördert werden?

Entwicklungsalter: ab 5 Jahre

Zunächst brauchen die Kinder noch relativ breite Balancierwege. Dabei soll – wenn notwendig – Handhilfe gegeben werden.
Beispiele für diese Übungen:
Gehen zwischen zwei Strichen, die mit Kreide auf den Boden gezeichnet oder mit Seilen markiert werden. Anfangs soll die Gasse ca. 30 cm breit sein, später den Abstand verringern.
Gehen über eine Reihe von Gegenständen (Backsteine, Holzklötze, Pappstücke, Bierdeckel, Gymnastikkuppel).
Gehen über eine Stuhlreihe, anfangs eng aneinanderstehend, später die Abstände vergrößern (Lehnen festhalten).
Auf Holmen oder über die Sprossen einer auf dem Boden liegenden Leiter balancieren.
Desgleichen über einen flachen Balken, über ein Brett, eine Holzlatte oder über einen runden Stamm.
Gehen über eine schräggestellte, breite Lauffläche, später auch über schmalere.
Kleine Kunststücke darauf ausführen, z. B. rückwärts oder seitwärts gehen, Gegenstände tragen, oder einen Ball vor sich herrollen, einen Tennisring oder ein Sandsäckchen auf dem Kopf tragen.
Vorzüglich eignen sich die Gymnastik-Kuppeln für Balancierübungen (Abb. 61). Diese halbrunden Plastik-Kugeln können z. B. zu einer langen Reihe gelegt werden. Das Kind geht von einer Kuppel zur anderen und lernt auf der Rundung sein Gleichgewicht auszubalancieren. Mit etwa 10 Kugeln lassen sich viele Spiele ausprobieren und erfinden.
Das Rollerfahren kommt dem immer stärker werdenden Bewegungsdrang des Kindes entgegen. Geben Sie so lange Hilfe, bis das Kind gelernt hat, sein Gleichgewicht im Einbeinstand auf dem fahrenden Roller zu halten.
Zahlreiche Möglichkeiten zum Ausbalancieren des Körpers bietet der Sportkreisel (Übungen in der Bauchlage, im Sitz, im Kniestand, im Stand) (Abb. 62). Im Stand sollte sich das Kind anfangs mit gummigepufferten Stöcken seitlich abstützen dürfen.

Abb. 63

Gegenüber dem Roller- und Pedalofahren ist das Rollschuhlaufen schon eine wesentlich schwierigere Fertigkeit. Kinder von 5 1/2 Jahren sind meist überfordert. Geben Sie auch hier beim Lernen nur soviel Hilfe, wie das Kind benötigt bzw. selbst wünscht. Das Balancieren auf den Dosen-Stelzen (Laufdolly) soll Hinführung zum Laufen mit richtigen Stelzen sein.

Ab 3 – 4 Jahren kann sitzend oder stehend eine vergnügte Fahrt im Kreise auf dem Fli-Flo ausprobiert werden (Abb. 63).

Material:

Bezeichnung	Beschreibung	Hersteller
Sportkreisel	Vielseitiges Balanciergerät mit punktförmiger Balancebasis. Halbkugel mit aufgesetztem Rundbrett.	Müsse
Doppel-Pedalo	Spielgerät, das durch Verlagerung des von einem Bein auf das andere ins Rollen kommt. Das Kind steht auf Tretbrettern, die mit 6 Rädern verbunden sind.	Hoerz
Dosenstelzen	Verschiedene Ausführungen.	versch. Hersteller
Stelzen	Verschiedene Ausführungen.	versch. Hersteller
Roller	Verschiedene Ausführungen.	versch. Hersteller
Rollschuhe	Verschiedene Ausführungen	versch. Hersteller
Kinderfahrrad	Verschiedene Ausführungen.	versch. Hersteller
Fli Flo	Ein kreiselrunder 'Hut'. Bis zu 5 Kinder können sich draufsetzen. Durchmesser 75 cm, Höhe 40 cm.	Siebers
Balancierstein	Farbig lackiertes Massiv-Holzstück, Größe 14x9x6 cm. Für Spiel- und Übungszwecke empfiehlt es sich, mehrere zu nehmen.	Eibe
Balance-Wippe	Das Gerät besteht aus einer Platte mit abgerundeten Ecken und Kanten. Der Wippbalken ist aus Massivholz. Auf dem Brett sind Greifkugeln als Orientierungs- und Haltehilfe.	Eibe

5. Förderung im Sozialbereich

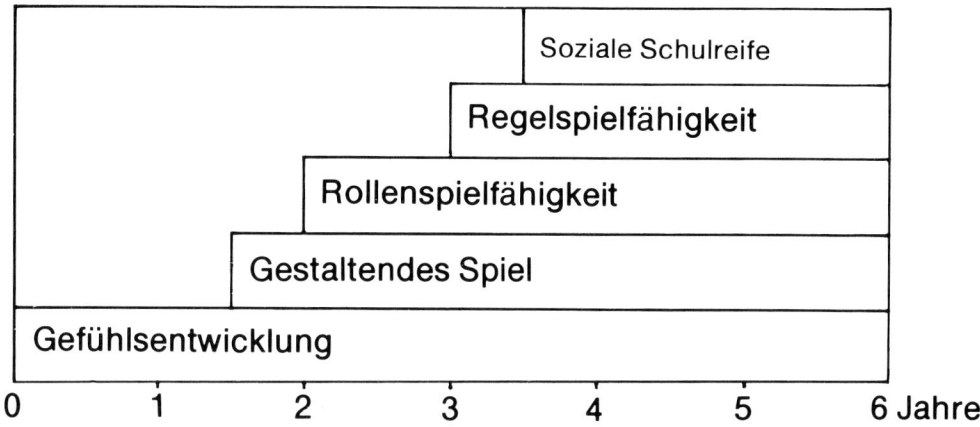

5. 1. Gefühlsentwicklung

Spielzeuge zum Liebhaben sind die unentbehrlichen Freunde des Kleinkindes. Die emotionale Beziehung (gefühlsmäßige Bindung), die das Kind zu seiner Puppe oder seinem Teddybär aufnimmt, gleicht derjenigen, welche die Mutter oder andere Bezugspersonen dem Kind entgegengebracht haben. Das heißt, es gibt die gleiche Zärtlichkeit und Liebe, die es selbst erlebt, weiter (Abb. 64). Dabei lernt es, sich

Abb. 64

einem anderen anzuvertrauen und sich um ihn zu kümmern. In der Puppe oder dem Teddy hat das Kind jemanden, der immer bei ihm ist, ganz gleich, ob es ins Bett geht, einkaufen geht oder verreist. Es ist auch jemand, an dem es seinen Ärger auslassen kann und mit dem es jederzeit spielen kann. Spielzeuge zum Liebhaben sind für die gesamte Gefühlsentwicklung von großer Bedeutung.

Wie kann gefördert werden?

Entwicklungsalter: ab 6 Monate

Puppe, Teddy oder andere Stofftiere sollen sich weich, „kuschelig" und warm anfühlen und strapazierfähig sein. Damit sie überall mitgenommen werden können, sollten sie nicht zu groß sein. Häufig ist es auch ein Kuscheltuch.
Puppen werden aus verschiedenen Materialien angeboten. Während für das Kind unter einem Jahr noch eine Stoffpuppe wegen der Griffigkeit am besten geeignet ist, können die älteren Kinder schon Zelluloidpuppen oder Puppen aus anderen Materialien haben.
Kinder möchten ihre eigene Phantasie und ihr momentanes Empfinden auf die Puppe übertragen. Daher brauchen sie keine Puppen, die weinen, lachen, sprechen oder singen. Durch diese technischen Raffinessen wird das Kind in seinen Spielmöglichkeiten eingeengt. Jede auch noch so einfache Puppe vermag im Spiel des Kindes alle Tätigkeiten zu verrichten, auch ohne Mechanik.

Material:

Bezeichnung	Beschreibung	Hersteller
	Stoffpuppen, ohne Metallteile und Knöpfe, waschmaschinenfest.	
Frottee Baby (30 cm)	dito	Käthe Kruse
Frottee Bär(20/30 cm)	dito	Käthe Kruse
Dolly Puppe	dito	Steiff
Romy Puppe	dito	Steiff
Gaby Puppe	dito	Steiff
	Zelluloidpuppen:	
Schlummerle (32 cm)	Mit wasch- und kämmbaren Nylonhaar.	Schildkröt
Pummelchen (37 cm)	Babypuppe, ohne Nylonhaar.	Schildkröt
	Schlenkerpuppen:	
Schlenker Hase	Stoffpuppen mit Schlenkergliedmaßen	Steiff
Schlenker Kater	wie oben	Steiff
Lausy Sitzhase	wie oben	Steiff
	Schlaftiere:	
Floppy Lamby	weiche und kuschelige Tiere waschbar	Steiff
Flocky Katze	wie oben	Steiff
Flocky Cocki	wie oben	Steiff
	Weichtiere:	
Weich Schimpanse	Aus Dralonplüsch, besonders weich und kuschelig.	Steiff
Weich Elefant	wie oben	Steiff
Toldy Weichbär	wie oben	Steiff
Weich Katze	wie oben	Steiff
	Teddybären:	
Dralon Teddy	wie oben	Steiff
Zotty	wie oben	Steiff

alle oben erwähnten Tiere und Puppen gibt es auch von zahlreichen anderen Herstellern unter anderen Namen.

5. 2. Gestaltungsfähigkeit

Schon ein dreijähriges Kind braucht nicht nur Materialien, mit denen es spielen kann, sondern auch solche, aus denen es etwas Neues schaffen oder gestalten kann. Die ersten Spiele dieser Art geschehen im Sandkasten. Aus Sand wird Kuchen gebacken oder Sand und Wasser zu „Matsche" vermischt. Wenn das Kind in den Kindergarten kommt, entstehen Arbeiten aus Knetmaterialien, aus Papier, Farbe und Klebstoff oder aus Baumrinde, Eicheln und Kastanien.
Auch aus dem einfachen Bauen mit Bauklötzen wird mehr gestaltendes Spiel. Die ersten handwerklichen Betätigungen, der Umgang mit Werkzeugen wird um das 5. Lebensjahr mehr und mehr konstruktiv eingesetzt. Im Vorschulalter ist der praktische Gebrauch des Gestalteten für das Kind nicht so sehr von Bedeutung. Es ist erfreut über alles, was es erschaffen hat, und zeigt es stolz, da es gelobt werden möchte.
Loben Sie es, auch wenn Sie es noch nicht als perfekt gelungen betrachten, für das Kind ist es eine große Leistung!
So wachsen die Freude an etwas Geschaffenem und damit das Selbstbewußtsein. Beides ist eine wichtige Voraussetzung für das spätere Leben.

Wie kann gefördert werden

Entwicklungsalter: ab 18 Monate

Der Umgang mit Wasser und Sand gehört zu den wichtigsten Beschäftigungen im Kleinkindalter (Abb. 65). Versuchen Sie, im Garten oder auch auf dem Balkon eine Sandspielecke zu schaffen. Für die Sandkiste auf dem Balkon gibt es in Kaufhäusern Plastikbecken in der Größe 80 x 80 cm. Verschiedene Sandformen, Eimer, Schaufel, Siebe und eine Gießkanne, mehr braucht das kleine Kind nicht für sein Spiel im Sand. Im Vorschulalter werden dann schon Bagger, Lastautos oder Baukräne in das Sandspiel einbezogen.
An der Beschaffenheit dem Spiel im Sand sehr ähnlich ist die Arbeit mit Knetmaterial. Gerade kleine Kinder, die etwa ab dem 4. Lebensjahr mit ersten Modellierversuchen beginnen, brauchen weiches Knetmaterial. Mit der Knetmasse können dann Bälle, Kugeln oder Schlangen gerollt werden. Es können Formen ausgestochen werden, Tiere oder kleine Gefäße modelliert werden, je nach Alter und Fähigkeit des Kindes.

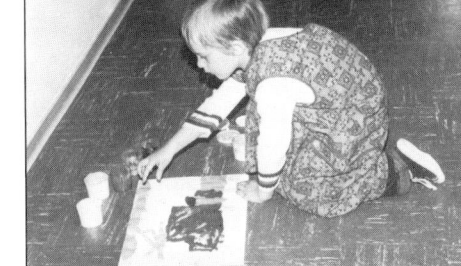

Abb. 65   Abb. 66

Malen mit Buntstiften, Wachsmalstiften, Wasserfarben oder Fingerfarben sind beliebt und fördern schöpferische Fähigkeiten (Abb. 66). Die entstandenen Bilder können zunächst an der Wand aufgehängt werden. In einer Mappe gesammelt zeigen sie Ihnen die Malentwicklung Ihres Kindes (Alter in Monaten auf die Rückseite schreiben).

Papierarbeiten, z.B. Reißen, Schneiden, Falten, Kleben, Flechten mit Flechtblättern entfalten und fördern die Kreativität Ihres Kindes. Für das Arbeiten mit wertlosem Material eignen sich alle möglichen Kästchen, Papprollen, Eisstiele, Styroporteile, Dosen usw. Was kann daraus nicht alles entstehen!: Häuser, Bäume, Spardosen, Tiere. Fordern Sie die Phantasie Ihres Kindes heraus!

Es gibt auch Spiel- und Bastelhölzer zu kaufen, aus denen mit Klebstoff und Farbe in unendlicher Vielfalt alle möglichen Bauwerke geschaffen werden können.

Material:

Bezeichnung	Beschreibung	Hersteller
	Sandspielzeuge:	
Eimer, Gießkanne, Sieb, Sandschaufel, verschiedene Formen. Sandrad		versch. Hersteller
	Für Papierarbeiten:	
Buntpapiere, Faltblätter, Flechtblätter, Flechtnadel, Transparentpapiere		versch. Hersteller
	Knetmaterial	
	Verschiedene Angebote	versch. Hersteller
	Bastelhölzer	
Spielhölzer	In verschiedenen Längen, Größen und Durchmesser, 4 kg, im gelben Jutesack, zum Bemalen, Zusammenkleben, Bauen und Nageln.	Eibe
Bastelkork	500 Flaschenkorken im Jutesack zum Basteln von Häusern, Bäumen, Mauern usw.	Eibe
Rondo Bastelhölzer	Schön gemaserte Rundhölzer aus Fichtenholz, Material zum Bauen mit Kleber und Farbe, ca. 850 Teile im Sack.	Eibe

5. 3. Rollenspielfähigkeit

Im Rollenspiel ahmt das Kind seine Umwelt nach (Abb. 67). Es übt im Spiel Fähigkeiten, die es später braucht. Wenn es etwa 2 oder 3 Jahre alt ist, beginnt es Vater oder Mutter zu spielen. Dazu benötigt es nicht unbedingt Figuren oder Puppen, sondern irgendwelche Gegenstände. So kann auch ein Bauklotz z. B. Vater oder Mutter sein. In dieses Spiel bezieht das Kind sich selbst ein und schlüpft in eine Rolle.

Etwa um das 4. Lebensjahr wandelt sich das Rollenspiel, indem das Kind sich jetzt nicht mehr direkt beteiligt, sondern Spielfiguren dirigiert. Dieses ist die rechte Zeit zum Spiel mit Kasperpuppen (Abb. 68). Meistens liegt dabei die Sympathie des Kindes bei einer Figur, mit der es sich identifiziert, und zugunsten dieser Puppe verläuft das Spiel.

Abb. 67

Abb. 68

Zur Ausstattung werden Sachen genommen, die sich gerade finden lassen. Aus Decken und Stühlen werden Höhlen oder Häuser gebaut; Kleider, Jacken, Hüte und Handtaschen, oder auch Tücher, Kreppapiere, Kartons, dienen zur Verkleidung. Helfen Sie ihrem Kind, sich die nötige Ausrüstung zu beschaffen.

Nach dem 5. Lebensjahr ist es für Kinder eine große Freude, wenn sie für ihre Lieblingsrolle die entsprechende Rollenspielgarnitur mit allem Zubehör bekommen, z. B. als Bahnschaffner, Polizist, Cowboy oder Indianer, Arzt, Krankenschwester, Postbote, Kaufmann.

Nach dem 5. Lebensjahr vollzieht das Kind den Übergang vom magischen Spiel zum wirklichkeitsgetreuen Spiel und übernimmt nun soziale Rollen. Es spielt Krankenschwester, Polizist, Arzt usw. Die eigenen Beobachtungen der Umwelt befähigen es, diese Personen in ihren typischen Verhaltensweisen nachzuspielen. So wachsen die Kinder, ohne daß sie es merken, in die Welt der Erwachsenen hinein. In allen Rollenspielen können Kinder auch ihre Konflikte abreagieren. Ein ängstliches Kind kann z.B. im Spiel andere besiegen. Insofern bietet das Rollenspiel einen notwendigen Ausgleich für das, was einem Kind vielleicht im realen Leben versagt bleibt.

Wie kann gefördert werden?

Entwicklungsalter: ab 2 Jahre

Das Rollenspiel entwickelt sich, wie schon erwähnt, aus der Beobachtung der Umwelt (Abb. 69). Spielideen entspringen dem momentanen Bedürfnis des Kindes. Manchmal braucht es dazu jemanden, der zuschaut oder mitspielt und dabei eine Rolle übernimmt (Abb. 70).

Abb. 69

Abb. 70

Themen für Rollenspiele können sein:
Haushalt (Essen, Kochen, Waschen, Putzen)
Familie, Besuch von Verwandten
Arzt, Krankenhaus
Kaufladen
Reisen mit Bahn, Auto oder Bus
Polizei, Feuerwehr
Feste feiern (Hochzeit, Geburtstag)
Handlungen von Märchen.

Material:

Bezeichnung	Beschreibung	Hersteller
	Hauswirtschaftliches Spielzeug	
	Geschirr, Koch- und Backgeräte, Besen, Handfeger, Staubsauger , Eimer, Wischlappen.	versch. Hersteller
	Kaufladenspielzeug	
	Verkaufsstand, Verkaufssortimente (Schachteln, Dosen, Flaschen), Registrierkasse, Spielmünzen, Schnellwaage, Spritztüten , Flachtüten, Tragetaschen, Quittungsblock, Stempel.	versch. Hersteller

Bezeichnung	Beschreibung	Hersteller

Puppenspielzeug

Puppenstube mit Möbeln, Puppenhaus mit Möbeln, Puppenwagen, Puppentrage- versch. Her-
tasche, Puppenkleider, Puppenwiege. steller

Puppenspiel

Handspielpuppen z. B. Kasper, Gretel, Prinzessin, Seppl, Teufel, Clown, Polizist, versch. Her-
Hexe, Großmutter, Zauberer, Krokodil, verschiedene Tiere usw. steller

Rollenspielkleidung

Schaffnergarnitur, Polizeigarnitur, Schaffnerausrüstung, Frisierkoffer, Kinderpost, versch. Her-
Schwesternkoffer usw. steller

Playmobil Figuren

Bahnhofset, Feuerwehrset, Bauarbeiterset, Krankenhausset usw.
Verschiedene Figurenzusammenstellungen mit reichhaltigem Zubehör wie Eisenbahn, Krankenhaus, Feuerwehr, Bauarbeiter, Indianer und Ritter. Playmobil

---

5. 4. Regelspielfähigkeit

Jeder einzelne ist im Leben auf die Gemeinschaft angewiesen und die Gemeinschaft auf den einzelnen. Die erste Gemeinschaft, in der ein Kind Erfahrungen
macht, ist die Familie. Von Anfang an nimmt es Einfluß auf das Zusammenleben
in seiner Familie dadurch, daß es Bedürfnisse anmeldet, Zufriedenheit zeigt und
Freude bringt. In der gemeinsamen Atmosphäre der gegenseitigen Annahme entsteht die Fähigkeit zur unmittelbaren menschlichen Beziehung.
Etwa ab dem 4. Lebensjahr, wenn das Kind in den Kindergarten kommt, verläßt
es das vertraute Umfeld der Familie und kommt in eine neue soziale Umgebung.
Es ist nun mit anderen Kindern und Erwachsenen zusammen und muß sich hier
zurechtfinden (Abb. 71). Viele neue Verhaltensweisen müssen eingeübt werden.
Als Einübungsfeld kann auch hier das Spiel helfen. Besonders die sogenannten
Regelspiele bieten viele Lernsituationen. Das Kind erwirbt in einer seinem Alter
angepaßten Weise in kleinen Lernschritten Grundkenntnisse, die für die weitere
Entwicklung notwendig sind. Das sind u. a.:
1. aufmerksames Zuhören, wenn ein Spiel erklärt wird,
2. Spielregeln verstehen, anerkennen und befolgen,
3. abwarten, bis man an der Reihe ist,
4. nur einmal spielen, wenn man dran ist,

5. gewinnen und verlieren können,
6. das Ende eines Spieles respektieren können,
7. eigene Spielwünsche mit denen der anderen abzustimmen,
8. das Spielmaterial sorgfältig aufräumen und weglegen.

Die Familie ist das soziale Einübungsfeld des Kindes. Was es hier gelernt hat, kann es anwenden und erweitern in der Gruppe außerhalb der Familie.

Abb. 71

Wie kann gefördert werden?

Entwicklungsalter: ab 3 Jahre

Beginnen Sie mit einem Spiel in der Zweiersituation. Die bekannten Singspiele „Ri-ra-rutsch" oder „Brüderchen komm tanz mit mir" sind als erste Spiele dieser Art geeignet. Die Spielregel ergibt sich aus dem Text und der begleitenden Bewegung.

Sobald das Kind fähig ist mit mehreren gleichaltrigen Kindern zu spielen, bereiten einfache Kreisspiele viel Freude.

„Es tanzt ein Bi-Ba-Butzemann"
„Häschen in der Grube"
„Ringel-Ringel-Reihe"
„Zeigt her eure Füße".

Diese Spiele verlangen die Beachtung einer Spielordnung, sie haben einen einfachen Text und können leicht gelernt werden. Es wird aber nötig sein, daß ein Erwachsener das Spiel lenkt, der sich später nach und nach zurückziehen kann.

Ab dem 4. Lebensjahr können erste Brettspiele versucht werden. Dabei ist wichtig, daß die Regeln leicht überschaubar sind. Das Spielmaterial muß sich für kleine Hände gut greifen und anfassen lassen, das Spielbrett ansprechend aussehen und eine Spielrunde kurz sein. Bestimmt in einem Brettspiel das Vorwärtsgehen einer Spielfigur eine gewürfelte Zahl, so sollten die Würfel im bekannten Zahlenraum des Kindes angefertigt oder die noch unbekannten größeren Zahlen (z.B. ab 4) zugeklebt werden.

Bei den Gesellschaftsspielen ohne Material gibt es meist einen Spielführer, der das Spiel beginnt. Dieser – meist ein Erwachsener oder ein älteres Kind – leitet das Spiel ein und erklärt den Ablauf. So wird bei dem Spiel „Kofferpacken" ein Kind aus dem Zimmer geschickt, damit es nicht hört, für wen der Koffer gepackt wird. Nachdem es hereingerufen ist, fragt es nacheinander jeden einzelnen: „Was packst Du in den Koffer?" Der Gefragte muß einen Gegenstand nennen,

der zu dem gehört, für den der Koffer gepackt wird. Anhand der Aufzählungen soll der Ratende herausfinden, für wen der Koffer gepackt wird.
Viele Spiele, mit denen das Kind Farben-, Formen-, Mengenerfassung oder Bildzuordnung gelernt hat, sind auch als Gruppen- oder Regelspiel geeignet.

Material:

Bezeichnung	Beschreibung	Hersteller
v. G. Losch Kinderspiele	Ein kleines Buch mit Kreis- und Bewegungsspielen.	Voggenreiter
4 erste Spiele	Sammlung von 4 Farbwürfelspielen. Farbenfrohe ausdrucksstarke Spielpläne, einfache Regeln, kurze Spieldauer.	Otto Maier
Angelspiel	Aus einem buten 'Bassin' wird um die Wette geangelt. Die Fische mit Metallringen bleiben an der magnetischen Angel hängen.	Otto Maier
Blinde Kuh	Ein Spiel, das den Tastsinn schult. Jedes Kind trägt eine Maske und verschiedene Formen, die ertastet werden müssen sind in einem Beutel. Wer an der Reihe ist, zieht die Maske vor das Gesicht und fischt.	Otto Maier
Wundergarten Strandburg Feuerwehr Zirkusspiel	Kooperationsspiele. Es kommt darauf an, daß die Spieler nicht gegeneinander, sondern miteinander spielen.	Herder
Fang den Hut	Beim Spiel versucht jeder, mit seinem Hütchen möglichst viele fremde Hüte zu bekommen.	Otto Maier
Der bunte Pipifax	Mittels eines Farbwürfels wird der bunte Pipifax mit farbigen Holzklötzchen besetzt und dann im Spiel wieder abgeräumt.	Windele
Kofferpacken	Die Kinder nehmen die Karten aus dem Kasten, zeigen sie, benennen den Gegenstand und legen die Karte verdeckt auf den Tisch. Beim Einpacken des Koffers gilt es, den Gegenstand zu nennen und aus der verdeckten Reihe wiederzufinden.	Otto Maier
Hasch mich	6 bunte Mäuschen müssen mit einem Spielbecher gefangen werden.	Haba
Mikado	Geschicklichkeitsspiel mit Holzstäben.	versch. Hersteller
Schweinchen flitz	Lustiges Würfelspiel mit 20 drolligen Holzschweinchen.	Haba
Wir und die Straße	Verkehrsspiel. Ein unterhaltsames und zugleich lehrreiches Würfelspiel.	VVR

Bezeichnung	Beschreibung	Hersteller
Mensch ärgere Dich nicht	Würfelspiel.	Schmidt
1. Quartett	Kartenspiel, einfache Bilder.	Schmidt
Schwarzer Peter	Farbenfrohe Karten.	Otto Maier

5. 5. Soziale Schulreife

Im Alter von 3 bis 4 Jahren hat das Kind eine gewisse Selbständigkeit erreicht. Es kann alleine in die weitere Nachbarschaft gehen und gliedert sich in eine Gruppe, z.B. die des Kindergartens ein. Dabei übernimmt es Forderungen, die sich aus der Gemeinschaft mit anderen Kindern ergeben. Es führt kleine Ämter oder Aufgaben aus und lernt, sich Spielregeln unterzuordnen. Auch fängt es an, seine eigene Leistung mit der anderer Kinder zu vergleichen und freut sich über das von ihm Erreichte.

Im Alter von 5 bis 6 Jahren nimmt das Interesse für das soziale Umfeld außerhalb der Familie zu. Das Spiel mit anderen Kindern steht im Vordergrund. Es ergeben sich erste kleine Freundschaften, oft aber auch Auseinandersetzungen mit den Spielkameraden.

So lernt das Kind Probleme und Konflikte zu bewältigen, andere Kinder anzunehmen, ihnen in Schwierigkeiten zu helfen oder sich am gemeinsamen Spiel zu erfreuen. Diese Erfahrungen sind für das Lernen in der Schule bedeutsam. Ein Kind erfährt soziale Verhaltensweisen zunächst spielerisch in der Gruppe. Prüfstein für die Schule ist also neben der körperlichen und intellektuellen wesentlich die soziale Schulreife.

Wie kann gefördert werden?

Entwicklungsalter: ab 3 1/2 Jahre

Der Kindergarten stellt eine notwendige Ergänzung zur Familienerziehung dar. Es wäre zu wünschen, daß jedem Kind der Besuch eines Kindergartens ermöglicht würde. Wir beobachten, wie stolz die Kleinen in ihre „Schule" gehen und von dort erzählen. Mit der Orientierung des Kindes nach außen bleibt die Familie dennoch der Mittelpunkt der Lebensbezüge. Alles Erlebte teilt es mit. Es benötigt Vater oder Mutter, die zuhören und seine noch so kleinen Sorgen, Nöte und Freuden ernst nehmen.

Soll ein Kind belastungsfähig werden, muß es sich Problemen stellen können und sie zu lösen versuchen. Diese Fähigkeit ist eine Lebensnotwendigkeit und Sie als Eltern können dem Kind helfen, dieses rechtzeitig zu lernen.

Konflikte und Probleme ergeben sich vielfältig. Zum Beispiel kann ein Kind noch nicht die Spielsachen mit einem anderen Kind teilen. Nehmen Sie sich Zeit Probleme dann zu besprechen, wenn sie sich Ihrem Kind in den Weg stellen. Das ist nicht immer leicht, da Probleme oft unerwartet und in ungünstigen Augenblicken auftreten. Dennoch sollten Sie Ihr Kind nicht wegschicken und auf „später" vertrösten.

Wie können Sie vorgehen? Oftmals werden Sie erst herausfinden müssen, um welches Problem es sich handelt. Sie hören zu und lassen sich berichten. Das echte Problem zu erkennen ist eine Fähigkeit, die Kinder nicht ohne Hilfe erwerben können.

Der nächste Schritt ist gemeinsam zu überlegen: Was können wir tun? Sie überlegen und suchen zusammen eine Lösung. Damit helfen Sie Ihrem Kind, die Schwierigkeiten in den Griff zu bekommen. Um Konfliktsituationen spielerisch zu erleben und Lernerfahrungen zu machen, können auch Spiele helfen.

Kinder, die auf diese Weise von ihren Eltern zum Gespräch, selbständigen Denken und Entscheiden ermutigt werden, haben Selbstbewußtsein, zeigen Bereitschaft zur Zusammenarbeit, Konfliktlösung und Steuerung ihrer Gefühle.

Material:

Bezeichnung	Beschreibung	Hersteller
Das Helferspiel	Auf 16 Bildkarten sind Notsituationen aus der kindlichen Erlebniswelt abgebildet. Jedes Kind erhält Chips und 'Helferkärtchen' mit Bildern von Menschen, Tieren und Gegenständen. Kann sich ein Kind mit den eigenen Kärtchen nicht aus der Notlage befreien, bieten ihm andere Kinder mit ihren Kärtchen Hilfe an, die mit den Chips als gut oder sehr gut bewertet werden.	Otto Maier
Vertragen und nicht schlagen	Auf 8 Bildtafeln sind Konfliktsituationen dargestellt, in die jedes Kind täglich geraten kann, oder die es schon erlebt hat: Konflikte mit Gleichaltrigen, mit größeren Kindern, mit Erwachsenen. Auf 128 Lösungskarten werden die verschiedenen Folgemöglichkeiten der Konflikte im Bild angeboten. Das Kind wählt aus den 15 Karten zu einer Konfliktsituation die drei Karten aus, die nach seiner Vorstellung den Ablauf des Geschehens zeigen.	Otto Maier
Weinen, Wüten, Lachen	Auf 48 großformatigen, ausdrucksstarken Schwarzweiß-Fotos sind sechs verschiedene Menschen zu sehen: zwei Kinder, ein Jugendlicher, zwei Erwachsene und ein alter Mensch. Jeder einzelne bringt in Mimik und Gestik verschiedene Gefühlsausdrücke charakteristisch zum Ausdruck: Wut, Freude, Schmerz, Trauer, Zufriedenheit, Beleidigtsein, Angst und Neugier.	Otto Maier
Ich bin doch auch wie ihr	Auf 24 großen Schwarzweiß-Fotos werden behinderte Kinder vorgestellt. Ihre Lebensgeschichte, Erlebnisse, Gedanken und Gefühle sind in einem Begleitheft realistisch beschrieben.	Otto Maier
Ich bekomme einen Bruder	Was erlebt und denkt Tina vor und nach der Geburt ihres Bruders: Faltmappe mit 24 Fototafeln. Dazu ein Begleitheft.	Otto Maier

Bezeichnung	Beschreibung	Hersteller
Sozialerziehung Konkret	Ein Programm aus 244 Spielen, einem Materialkasten, eine Mappe mit Spielblättern, zwei Elternbriefen und ein Handbuch mit den Themen: Grundlagen der Sozialerziehung , Kinder lösen Konflikte, Entwicklung flexibler Geschlechtsrollen sowie der Spielbeschreibungen.	Schroedel

Weiterführende Literatur zu den behandelten Kapiteln:

Bondzio, M./Vater, W.
Frühförderungs- und Entwicklungshilfen für behinderte Kinder (0 – 3).
Bonn (Reha) 1981[2]

Flemming, I.
Fingerspiele.
Wehrheim (Gruppenpädagogische Literatur) 1978

Diem, L.
Auf die ersten Lebensjahre kommt es an.
Stuttgart (Deutsche Verlagsanstalt) 1976

Heimann, K./Ehrlich, P.
Bewegungsspiele für Kinder.
Dortmund (modernes lernen) 1990[3]

Hellbrügge, Th./Doring, G.
Die ersten Lebensjahre.
Landsberg (mvg) 1981[1]

derselbe/Wimpffen, J. H. (Hrsg.)
Die ersten 365 Tage im Leben eines Kindes.
München (Droemer Knaur)

Hogrefe, S./Konrad, M./Oswald, K./Redecker, H.
Toben, Turnen, Bewegen mit Kindern.
Reinbek (Rowohlt) 1982

Huber, I.
Lustiges Papierfaltbüchlein.
Ravensburg (Otto Maier) 1983

Innerhofer, P.
Kleine Psychologie für Eltern.
München (mvg) 1976[2]

Kiphard, E. J.
Wie weit ist ein Kind entwickelt.
Dortmund (modernes lernen) 1987[6]

derselbe
Motopädagogik.
Dortmund (modernes lernen) 1990[4]

derselbe
Mototherapie Teil I und II.
Dortmund (modernes lernen) 1990[3] und 1990[3]

Klein Jäger, W.
Fröbelmaterial.
Heidelberg (Schindele) 1987

Konietzko, Ch.
Sing-, Kreis-, Finger- und Bewegungsspiele.
Heidelberg (Schindele) 1985

Krenzer, R.
Einfaches Basteln und Werken mit Kindern.
Heidelberg (Kaufmann) 1983

derselbe
Spiele mit behinderten Kindern, Bd. 1.
Heidelberg (Kaufmann) 1983[3] Bd. 2/1981

Krimm-von Fischer, C.
Rhythmik und Sprachanbahnung.
Heidelberg (Schindele) 1986

Löscher, W.
Hörspiele.
München (Don Bosco) 1982[1]

derselbe
Riech- und Schmeckspiele.
München (Don Bosco)

derselbe
Tastspiele.
München (Don Bosco)

Löwe, A.
Sprachfördernde Spiele für hörgeschädigte und sprachentwicklungsgestörte Kinder.
Berlin (Marhold) 1980[5]

Mertens, K.
Körperwahrnehmung und Körpergeschick.
Dortmund (modernes lernen) 1991[2]

Ohlmeier, G.
Frühförderung behinderter Kinder.
Dortmund (modernes lernen) 1983

Olbrich, I.
Auditive Wahrnehmung und Sprache.
Dortmund (modernes lernen) 1989

Oy, C. M. von
Montessori Material.
Heidelberg (Schindele) 1987

dieselbe/Sagi, A.
Lehrbuch der heilpädagogischen Übungs-behandlung.
Heidelberg (Schindele) 1988[7]

Rieder, K.
Sprachfördernde Übungen und Spiele.
Wien (Jugend und Volk) 1980

Schmitz, E.
Elternprogramm für behinderte Kinder.
München (Reinhardt) 1979

Schopler, E./Reichler, R. J./Lansing, M.
Strategien der Entwicklungsförderung.
Dortmund (modernes lernen) 1990[2]

Schopler, E./Lansing, M./Waters, L.
Übungsanleitung zur Förderung autistischer und entwicklungsbehinderter Kinder.
Dortmund (modernes lernen) 1990[2]

Seitz, R.
Sehspiele.
München (Don Bosco) 1982

Sinnhuber, H.
Optische Wahrnehmung und Handgeschick.
Dortmund (modernes lernen) 1990[2]

Straßmeier, W.
Frühförderung konkret.
München (Reinhardt) 1981

Treeß, H./Treeß, U./Möller, M.
Soziale Kommunikation und Integration.
Dortmund (modernes lernen) 1990

Vater, W./Bondzio, M.
Vom ersten Laut zum ersten Wort.
Bonn (Reha) 1983

Vater, W.
Einfache Spiele für Behinderte
Bonn (Reha)

Zimmer, R.
Sport und Spiel im Kindergarten
Stuttgart (Klett) 1989

dieselbe
Kreative Bewegungsspiele
Freiburg (Herder) 1989

Zuckrigel, A.
Linkshändige Kinder in Familie und Schule
München (Reinhardt) 1981[2]

Literaturzusammenstellung:

Arbeitsausschuß Gutes Spielzeug
Gutes Spielzeug,
Otto Maier Verlag, Ravensburg 1969

Arndt, M.
Didaktische Spiele
Ernst Klett Verlag, Stuttgart 1972

Bach, H.
Früherziehungsprogramme
Marhold Verlag, Berlin 1975

Blumenthal, E.
Vorschulalter an Geräten
Verlag K. Hofmann, Schorndorf 1970

Diem, L.
Reihe: Kinder lernen Sport
Band 3 und 4, Kösel Verlag 1973

Hellbrügge, Th. / Wimpffen, J.H.
Die ersten 365 Tage im Leben eines Kindes
TR-Verlagsunion, München

Herzka, St.
Spielsachen für das gesunde und das behinderte Kind
Schwabe und Co., Basel 1969

Herzka, St.
Das Kind von der Geburt bis zur Schulreife
Schwabe und Co., Basel 1973

Hurlock, E.
Die Entwicklung des Kindes
Beltz Verlag, Weinheim 1970

Kiphard, E.J.
Unser Kind ist ungeschickt
Ernst Reinhard Verlag, München 1966

Kiphard, E.J.
Leibesübungen als Therapie
Flöttmann Verlag, Gütersloh 1970

Kiphard, E.J.
Wie weit ist ein Kind entwickelt?
Verlag modernes lernen, Dortmund 1977

Loewe, A.
Sprachfördernde Spiele für hörgeschädigte und sprachentwicklungsgestörte Kinder
Marhold Verlag, Berlin 1973

Lunzer, E.A. / Morris, J.F.
Das menschliche Lernen und seine Entwicklung
Klett Verlag, Stuttgart 1971

Reichmann, D.
Gymnastik mit den Kleinsten
Wilhelm Limpert Verlag, Frankfurt/M. 1955

Ross, D.
Schritt für Schritt
Otto Maier Verlag, Ravensburg 1969

Mordi, S.
Artikel in 'Vorschulzeit'
Beltz Verlag, Weinheim/Basel 1972

Oy, C. M. von/Sagi, A.
Lehrbuch der heilpädagogischen Übungs-behandlung
Otto Maier Verlag, Ravensburg 1975

Herstellerverzeichnis der Materialaufstellung

ADAC
Postfach 7 00 00 86
8000 München

Baufix
Haus Wammetsberger
Wendelsteinstraße 16
8031 Olching
Bagel
Am Wehrhahn 100
4000 Düsseldorf 1
Betz, A.
Nymphenburger Straße 139
8000 München
Bethäuser, F.
Kindersportfahrzeuge
Siemensstraße 33
8510 Fürth
BIG Spielwarenfabrik
Alfred-Nobel-Straße 55
8510 Fürth
Boje
Holzstraße 19
7000 Stuttgart 1
Brio Scanditoy GmbH
Strawinskystraße 22
8500 Nürnberg 59
Brockhaus
Leberberg 25
6200 Wiesbaden

Carlsen
Dieselstraße 6
2057 Reinbek
Cuisenaire
8207 Endorf

Didago
Lier / Belgien
Diederichs
Bremerstraße 5
5000 Köln 1
Don Bosco
Sieboldstraße 11
8000 München 80
Druck und Papier GmbH
Boschstraße 9
5024 Pulheim
Dürrsche Buchhandlung
Plittersdorferstraße 91
5300 Bonn 2
Dusyma
Postfach 12 60
7060 Schorndorf

Elbe
Industriestraße 1
8701 Röttingen
Elchhorn
Postfach
8621 Schnei
Ellermann
Romanstraße 16
8000 München 19

Finken
Zimmersmühlenweg 40
6370 Oberursel / Ts. 1
Fischer-Werke
(Fisher-Price)
Artur Fischer GmbH & Co. KG
7244 Tumlingen / Waldachtal

HABA
Habermaas & Co
Postfach
8634 Rodach
Hagemann
Lehrmittelverlag
Postfach 51 29
4000 Düsseldorf
Harrasser und Überla
Ottostraße 5
8580 Bayreuth
HASI
F. Hauenstein KG
Freienfelsstraße 20
8000 München 13
Heinevetter
Papenstraße 41
2000 Hamburg 76
Heintze
Auf dem alten Kamp 7
4630 Bochum
Herder
Hermann-Herder-Straße 4
7800 Freiburg
Hoch
Kronprinzenstraße 27
4000 Düsseldorf
Hoerz
Ulmer Straße 36
7313 Reichenbach
Hoffmann
Lärchenweg 36
7101 Massenbachhausen
Holdau
Schloß-Schönau-Straße 18
5100 Aachen

Hyperion
Heidenhofstraße 7
7800 Freiburg

Insel
Lindenstraße 29 – 35
6000 Frankfurt/M. 1

Jugend und Volk
Wien

Keller, K. KG
Metzgerstraße 6
7320 Göppingen
Kettler
Postfach 10 20
4763 Ense-Parsit
Kiddicraft
Vertrieb bébé-confort
Kronsaalsweg 29
2000 Hamburg 54
Kruse
Postfach
8850 Donauwörth
Kuhlemann
Bissinger Straße 18
7315 Weilheim / Teck

Langewiesche Brandt KG
Lechnerstraße 27
8026 Ebenhausen / Isartal
Lego
Postfach 60
2354 Hohenwestedt

Maier, O.
Postfach 18 60
7980 Ravensburg
Matador
A – 2511 Pfaffenstätten / Wien
Meistergilde KG
Hermann-Kätelhön-Str. 66 – 68
4733 Möhnesee-Warmel
Mertens
Postfach 72 28
7417 Fullingen
Middelhauve
Hochhaus Wiener Platz 2/83
5000 Köln 80
Müsse
Fahrenbecke 4
5800 Hagen

Nathan
Paris / Frankreich

Neckar Verlag
Postfach 18 20
7730 Villingen-Schwenningen

Neuer Tessloff
Bernadottestraße 209
2000 Hamburg 52

Nopper
(Milton Bradley)
Waldstraße 49
8510 Fürth / Bayern

Oetinger
Poppenbütteler Chaussee 55
2000 Hamburg 65

Parabel
Pschorrstraße 3
8133 Feldafing

Pelikan
Podbielskistraße 141
3000 Hannover

Pestalozzi Verlag
Postfach 28 29
8520 Erlangen

Playmobil
(Georg Brandstätter)
8502 Zirndorf

Playskool
(Milton Bradley)
Waldstraße 49
8510 Fürth / Bayern

Quercetti
ital. Import

Reich/Sauerländer, H. R. & Co
Finkenhofstraße 21
6000 Frankfurt/M. 1

Rinker
Ebnestraße 6
7410 Reutlingen 17

Schäfer
Psychomotor. Übungsgeräte
Großer Kamp 6 – 8
4937 Lage-Heiden

Schildkröt, A. G.
Eisenbahnstraße
6800 Mannheim 24

Schmid, F. X.
Residenzstraße 27
8000 München 1

Schroedel KG.
Hildesheimer Straße 202 – 206
3000 Hannover

Schowanek
Ahornstraße 22
8229 Piding

Schwann
Am Wehrhahn 100
4000 Düsseldorf 1

Selecta
Osterseeon 3
8011 Kirchseeon

Sellier GmbH
Erfurter Straße 4
8057 Eching bei München

Siebers
Postfach
7778 Markdorf

Simplex
Amsterdam / Holland

Spear
Höfener Straße 87 – 91
8500 Nürnberg 80

Stalling
Postfach 25 80
2900 Oldenburg

Staneker
Karl-Brennstuhl-Straße 14
7400 Tübingen

Steiff, M.
Postfach 15 60
7927 Giengen / Brenz

Steinbach
Postfach
3164 Hohenhameln

Streicher
Roßbergstraße 7
7410 Reutlingen 17

Styria
Schönaugasse 64
A – Graz

Turm
Postfach 80 07
4000 Düsseldorf

Union
Alexanderstraße 51
7000 Stuttgart 1

Velber
Im Brande 15
3016 Seelze 6

Vermande
Zaalberg / Holland

Vogel
Verlags Service
Helmstedter Straße 99
3300 Braunschweig

Voggenreiter
Viktoriastraße 25
5300 Bonn 2

VVR
Verkehrsverlag Remagen
Geschwister-Scholl-Straße
5480 Remagen

Wehrfritz
August-Grosch-Straße 30 – 38
8634 Rodach

Widmaier
Postfach 326
7300 Esslingen/Neckar

Windele
Postfach
8200 Rosenheim